꽃,
사랑이 되다

꽃, 사랑이 되다

초판 1쇄 발행 2021년 8월 1일

지은이 이주선
펴낸이 장길수
펴낸곳 지식과감성#
출판등록 제2012-000081호

교정 백승은
디자인 이은지
편집 이은지
검수 김우연, 이헌
마케팅 고은빛, 정연우

주소 서울시 금천구 빛꽃로298 대륭포스트타워6차 1212호
전화 070-4651-3730~4
팩스 070-4325-7006
이메일 ksbookup@naver.com
홈페이지 www.knsbookup.com

ISBN 979-11-6552-899-7(03810)
값 13,000원

- 이 책의 판권은 지은이와 지식과감성#에 있습니다.
- 이 책 내용의 전부 또는 일부를 재사용하려면 반드시 양측의 서면 동의를 받아야 합니다.
- 잘못된 책은 구입하신 곳에서 바꾸어 드립니다.

지식과감성#
홈페이지 바로가기

이주선 지음

꽃,
─ 사랑이 되다 ─

지식과감정

서문

이 시집은 사랑과 음악과 꽃이 함께 있는 시집입니다.

영원이란, 시간을 초월하여 우주적으로 변치 않고 끝없이 지속되는 것을 말합니다.
우리의 존재와 삶은 영원하지 않지요. 그래서 늘 우리는 변치 않는 영원한 것을 꿈꾸는지도 모릅니다. 사랑이라는 소중하고 소중한 이름에 있어서는 더욱 그렇지요.
이 시집은 우선 저의 영원한 사랑인 연인에게 선물하는 사랑의 시집입니다. 영원한 사랑을 꿈꾸며 우리 가슴에 간직하고 싶은, 영원한 사랑을 이루어 가고 싶은, 그렇게 영원한 아름다운 사랑을 꿈꾸는 저와 연인에게, 그리고 그것을 독자들에게도 선사하는 아름다운 사랑시, 음악시, 꽃시입니다. 여기에 우리가 소중하게 간직하고 이루고 싶은 영원한 사랑이 담겨있습니다. 사랑의 의미를 함께 생각하면서요.

원래 이 시들은 2021년 1월 겨울에 봄을 꿈꾸며, 봄을 기다리며, 사랑으로 봄을 만들며 쓴 시들입니다. 그런데 이 시집을 이 여름에 출간하는 이유 중의 하나는 봄이란, 사랑의 봄이란, 가슴속에 언제나 따뜻하게 피어나 간직될 수 있고 이로써 영원히 사랑을 꿈꿀 수 있기 때문입니다. 그렇게 여기 영원한 사랑의 꽃과 사랑의 감동이 있습니다.
이 사랑의 시들을 저의 영원한 사랑인 연인과 사랑을 꿈꾸는 모든 독자들에게 선사합니다.

2021. 07. 25.
이 주 선

목차

서문		4
꽃1	붉은 꽃잎	11
꽃2	하얀 봄의 숲	13
꽃3	사랑의 바다	15
꽃4	숨 1	17
꽃5	숨 2	18
꽃6	그대를 향해	20
꽃7	눈보라 꽃	22
꽃8	봄을 만들다	24
꽃9	우리 서로의	26
꽃10	꽃의 왈츠	28
꽃11	우리, 소중한 서로, 완전한 하나	30
꽃12	꽃의 화음	32
꽃13	깊어가는 우리의 하늘, 사랑	34
꽃14	꽃이 핀 바다	37
꽃15	저기 하늘 너머	40
꽃16	하늘의 아침	42
꽃17	이름 없는 꽃을 위한 노래	43
꽃18	언제나 하늘은	46
꽃19	그리움이 닿는 곳	48
꽃20	봄의 노래	50
꽃21	너는 나의 모든	51

꽃22	I'm Singing for You	52
꽃23	그날들	54
꽃24	너의 노래, 사랑의 향기	57
꽃25	너와 영원히 꿈꾸고 싶다	59
꽃26	Feelings	62
꽃27	너와 나의 사랑 이야기	66
꽃28	달빛의 춤	68
꽃29	우리, 서로의 평온함이 되어주다	70
꽃30	나는 너를 기다리지 않음으로써 기다린다	72
꽃31	우리의 영원한 사랑의 내일 - 아름다운 사랑의 숲에서	74
꽃32	우리의 사랑, 그 모든 아침	76
꽃33	꽃의 사랑	78
꽃34	봄의 화음	80
꽃35	Dream of Love	82
꽃36	어느 봄의 이야기	84
꽃37	맨발의 꽃	86
꽃38	눈물의 빛	89
꽃39	마중	91
꽃40	우리가 함께 걸어갈 때	94
꽃41	아름다운 아침	96
꽃42	우리의 음악, 영원한 꽃을 피우다	98
꽃43	화가의 나무	101
꽃44	나의 꽃은	103
꽃45	My Dream in My Life	105
꽃46	모여, 모여서	109

꽃47	너를 만나	111
꽃48	나무를 심은 사람 (장 지오노)	113
꽃49	함께 걷는 우리, 세상의 모든 아름다움에 물들다	115
꽃50	그림이 된 장미꽃	118
꽃51	비의 칸타빌레	120
꽃52	붉은 동백 숲	122
꽃53	가족이 가족에게 - 우리의 이름은	124
꽃54	너의 나, 나의 너	126
꽃55	너와 나의 꿈	128
꽃56	We Call Each Other Love Forever	130
꽃57	나무, 사랑의 여백	135
꽃58	불꽃	139
꽃59	들꽃	141
꽃60	우리의 영원한 이야기	144
꽃61	새로운 세계	147
꽃62	벽 속의 새	150
꽃63	생의 마지막 순간에도	153
꽃64	영원한 하나	155
꽃65	너와 나라는 새	157
꽃66	입춘	159
꽃67	서로의 영원이 되어주다	163
꽃68	Our Love Story	165
꽃69	Where Is Our Love?	170
꽃70	I Am Born in Love	173
꽃71	눈꽃의 바다	177

꽃72	간이역에서	179
꽃73	꿈꾸는 소녀	182
꽃74	너의 노래, 열린 사랑	184
꽃75	When I Fall in Love	186
꽃76	도전이라는 꽃	188
꽃77	꿈의 무대	190
꽃78	너의 노래, 너의 목소리	192
꽃79	우리의 노래가	194
꽃80	너와 나, 이 세상을 아름다운 빛으로 반짝이게 해	197
꽃81	봄의 의미	199
꽃82	Perhaps Love	202
꽃83	꽃의 왈츠	205
꽃84	하얀 눈, 천사	207
꽃85	Forever with You	209
꽃86	찬란한 봄	211
꽃87	서로의 어깨에 기대	213
꽃88	너와 함께하는 사랑의 감동은	215
꽃89	아름다운 사랑의 속삭임을 너를 위해	217
꽃90	언젠가 담쟁이덩굴을 지나	219
꽃91	숨, 우리 안의 소리	223
꽃92	전혀	225
꽃93	우리, 축복의 발걸음	227
꽃94	너와 인생의 무대에서	228
꽃95	봄맞이	230

꽃 1
붉은 꽃잎

눈부신 밤 - 라포엠

고개를 들지 못했다
먼 눈보라는 어디서부터 불어오는가
점점 차가워지는 바람 속에서도
매일 달빛은 빛났다
닿으려 했다 저 빛에
세상은 오늘도 시계의 속도로 돌아가지만
존재의 고요한 생명은
하늘의 푸른 조각 한 줌을 물고
가느다란 떨림 눈물 삼키고
어둠이여 오라, 두렵지 않으니
기다림은 눈부심으로
매서운 바람이 불어올수록
내가 품은 사랑은
나를 단단하게 하여
차가운 흰 눈을 뚫고
따뜻함으로 피어나리니
붉은 꽃잎
끝내 사랑의 꿈으로 피어
너와 나를 물들이리니
이미 내 안에서 너와 함께

깨우는 봄
보이지 않게 들리지 않게
조금씩 흰 눈길을
봄의 향기로 물들여
흰 눈을 뚫고
너와 피운 봄, 여기 영원하리니

꽃 2
하얀 봄의 숲

신월(新月) - 라포엠

어둠 속에 갇혔던 새
어둠 속에 갇혔던 나비
하얀 날갯짓을 해
하얀 새 어둠을 깨고 태어나
하얀 나비 어둠을 찢고 날아올라
새벽이 올 때까지
흰 새가 물고 온
하얀 달빛 빛나는 별빛
밤이 새벽으로 깨어나고
흰 나비가 물고 온
하얀 꽃잎과
새벽 속에 내리는 하얀 눈
하얀 달빛 하얀 꽃잎에 지워지는 어둠
눈이 내려
흰 눈이 내려
봄의 흰 눈이 내려
하얀 새, 하얀 나비, 꽃잎, 하얀 꽃잎
자라는 하얀 나무의 숲
하얀 봄은 그렇게 오고 있어
저 멀리서부터

무거운 어깨를 털고
봄을 마중 나가
이 하얀 숲을 걷는 너와 나
하얗게 물들어
하얀 사랑으로 이 숲을 가득 채워
하얀 발걸음 걸음걸음마다
얼어있던 땅이 깨어나
하얀 봄이 오는 소리가 들려
너와 나 가슴으로부터
하얀 새 하얀 나비 날아올라
하얀 봄이 우리 안에 새로이 돋아나
하얀 봄의 숨을 쉬어
하얀 봄나무 하얀 폐혈관 나뭇가지처럼
하늘에 꽂고 숨을 쉬어
우리의 하얀 하늘 하얀 우주
고요히 내리는 하얀 눈 하얀 꽃잎
다가오는 하얀 봄을 걷는 너와 나
하얀 사랑으로 물든 우리의 봄의 숲

꽃 3
사랑의 바다

Ab Ovo - Joep Beving

깊은 바다의 꿈을 꾸었다
바다 깊은 곳은
허물어지지 않는 검은 이빨이
닿지 않는 곳이다
그곳에서 너와 나는 손을 잡고
자유롭게 유영하며
투명한 푸른 물이 되어갔다
가슴 가득 기쁨의 꽃을 피우며
투명해지고 투명해져
너와 나는 서로의 마음을 보게 되었다
아름다운 사랑의 꽃이 핀 마음
너와 나는 서로를 가득 안고
너는 내가 되었고
나는 네가 되었다
바닷속은 사랑의 푸른 물이 춤을 추고
소중한 너의 깊은 사랑에 입맞춤하는 나
소중한 나의 깊은 사랑에 입맞춤하는 너
우리의 가슴에서 기쁨의 붉은 꽃이 피고
사랑은 너와 나에게
서로의 자유와 완전한 행복을 주었다

둥글게 하나가 되어 서로를 안은 우리 둘
우리는 바닷속 달빛이 되었다
우리는 바닷속 별빛이 되었다

꽃 4
숨 1

> 아무도 잠들지 마라 - 김호중

어제에 잠들어 있던 나를 본다
어디선가 밤 내내 기다려 온 노래가 들린다
삶은 잠든 채 흐르지 않을 것이니
오늘도 강물은 바다로 흘러간다
밤 내내 기다려 온 태양
나의 밤은 별이 빛나는 우주로 통하니
차가운 바람 속에서도 빛나는 별을 바라본다
내일로 걷는 오늘이
창가에 다가와
메마른 땅을 적시는 비처럼
먼 지평선에 떠오르는 태양을 바라본다
어제는 내일로 열리고
오늘도 감사히 오늘 하루 열린
숨을 쉰다
어제 못다 한 숨,

나는 이렇게 살아있다

나의 가슴에 붉은 태양이 떠오른다

꽃 5
숨 2

위대한 사랑 - 김호중

하늘의 일부분이란 걸 알았다
바다의 한 부분이란 걸 알았다
바람에 여러 가지 빛깔의 계절이
스며있다는 걸 알았다
시간을 가슴으로 껴안고
바람은 사랑으로 피어있던 추억의 빛깔을
품고 있단 걸 알았다
언제나 사라지지 않는 것을 바라보며
영원의 꽃씨를 돌 틈에 묻어두었다
돌 틈에도 아직 다하지 못한 숨이 있어
사랑의 뿌리는 삶을 뛰어넘는 삶을 살아
돌 틈에서도 숨을 쉬어
깊이 내린 뿌리는
영원한 사랑의 꽃을 피우고 피우리니
이름 없는 돌 틈에서 피어난
이름 없는 꽃이더라도
사랑의 품 안에서
세상에서 가장 고귀하고 특별한
너와 나의 꽃이 되리니
하늘의 일부분이란 걸 알았다

바다의 한 부분이란 걸 알았다
서로가 서로에게 스며들어 사랑으로 닮아가
하늘이 되고 바다가 되어
피어난 숨, 영원한 사랑의 꽃

꽃 6
그대를 향해

나를 잊지 말아요 - 김호중

처연하게
내려오는 빗물을 맞고 있었다
빗물은 눈물로 흘렀던가
흐린 하늘에도
보이지 않게 빛나던 별빛
흐린 하늘 아래에서도
두 손 모아 기도한 간절한 사랑
하얀 꽃은 달빛을 닮아
그대를 향해 피어나고
내 몸이 야위어 가더라도
바람에 흔들리더라도
오래도록 간직한 마음을 담아
오로지 그대를 향해
야위어 야위어 피어나
가장 아름다운 사랑의 꽃들을
그대를 위해
피우리니
그리움은 깊은 바다처럼
기다림의 목은 길고
빗물에 젖으며

달빛에 빛나며
별빛을 간직하며
고요히 기다린
가슴 깊이 그대 그리운 꽃잎들
한 잎 두 잎
피우리니
목이 긴 사랑의 꽃들
바람이 불어도
꺾이지 않고
바람에 춤을 추며
달빛을 맞아 꽃을 피우리니
달빛 닮은 하얀 기다림의 꽃들
마침내
그대 오는 날
모든 사랑의 마음을 담아 피어나
오래 간직한
모든 사랑의 마음을 담아 피어나
그대의 가슴에 드리리

꽃 7
눈보라 꽃

무정한 마음 - 김호중

긴 밤을,
아무도 없던
끝나지 않을 것 같던 긴 밤을 걸어
긴 눈보라를 걸어
여기에 왔으니
눈보라 한발 내딛을 수 없는 낭떠러지에서
나는 너를 보았다
눈이
너와 나의 첫 만남처럼
수줍고도 설레는
한눈에 서로를 알아본 떨림처럼 내려
그날 서로 함께 바라보며
그리워하던 하나의 별이,
우리의 운명의 별이 되어
우리의 사랑이 되어
그리움의 노래가 되어
서로의 영원한 곁에서
서로를 비춰주는 빛이 되어
이제 그 눈이
두 손을 마주 잡고

서로의 깊은 밤이
서로의 모든 순간이 되어주는
우리의 서로를 바라보는 깊은 하늘 속에서
흩날리는 것을 보았다
눈이
고요한 옅은 분홍빛의 꽃이 되어 내려
온 세상에 눈꽃이 내려
우리의 사랑이 내려
우리를 감싸 안아주고 있는 것을 보았다

꽃 8
봄을 만들다

지금 이 순간 - 김호중

니의 터전은 한 줌 한 뼘 척박한 땅이었다
언제 어느 사이
여기 씨앗이 내렸다
뿌리는
메마른 땅에 흐르는 단비로 몸을 적시고
언제나 매일 떠오르는 태양을 마시고
내렸다 척박한 땅을 뚫고 내렸다
뿌리가 자란 땅은 초록이 되었다
나에게 봄은 언제 올까 생각했었다
봄이 와도 봄이 아니었던 시간

언젠가 봄의 씨앗이 찾아와
마음에 봄이 피었다
내 마음속 깊이 간직한 꿈으로 피었다
그 봄의 씨앗은
너라는 사랑,
어쩌면 내 안에 오랜 시간
피지 못한 열망을
간직하고 있었던 건지도 모른다
바람이 분다

따뜻한 바람
차가운 바람도 따뜻하게 감싸는
너라는 사랑,
사랑의 씨앗은 이제
지금 이 순간 그 열망을
꽃망울을 터뜨린다
온통 봄을 만든다
꽃망울마다 만든 봄은
초록의 땅으로부터
꽃을 피워 올린다
온통 만발한 찬란한 꽃
너는 나의 영원한 봄이다

꽃 9
우리 서로의

The First Time - Jef Martens

어느 그 하늘 아래
너와 내가 같은 하늘 아래 함께 있어
시간은 새의 날개를 따라 흘러가도
우리가 그 새의 날개를
손에 고이 감싸 쥐었다가 놓아주면
그 온기는 새의 따스한 심장의 고동처럼
우리의 손에 시간이 남긴 추억이 되어
남아있으니

그 어느 겨울
앙상한 나뭇가지는 겨울을 견디며 숨을 쉬어

우리, 서로의 하늘이 되어주기로 해
흐린 어느 하늘 아래에서도
그 어느 슬픈 날일지라도
우리 서로의 슬픔을 안아주는
비가 되어주기로 해
그 어느 추운 날일지라도
우리 서로의 추위를 감싸주는
따뜻한 하얀 눈이 되어주기로 해

메마른 나무줄기 거친 겨울일지라도
우리 언젠가 다가올
봄의 초록이 되어주기로 해
초록 속에 핀 서로의
아름다운 사랑의 꽃이 되어주기로 해

꽃 10
꽃의 왈츠

              쇼팽 왈츠 7번 (Chopin Waltz Op.64-2) - 권순훤

바람이 부네
겨울의 끝자락 봄이 오는 소리
긴 겨울의 언 강이 녹는 소리
봄눈을 안은 꽃
봄이 오는 향기를 오롯이 피워내고 있네
칼끝 바람에도 꽃은 따뜻하게 사랑을 품네
겨울 속 오래 간직한 봄의 꿈을 피워내며
수많은 꽃들 속에서도
너라는 꽃은 오직 하나, 나의 너
나라는 꽃은 오직 하나, 너의 나
소중하고 소중한
서로의 사랑을 머금은
바람으로 향기를 전하고
멀리서도 서로의 곁이 되어
꽃잎을 나부끼며 부드럽게
서로의 마음을 어루만지네
우리의 이야기는, 사랑은
밤하늘 별을 세며
수많은 별들만큼이나 끝없이 펼쳐져
밤하늘을 별빛으로 수놓아

바람이 부네
긴 겨울 끝 봄의 바람
꽃이 아름다운 사랑을 노래하네
우리가 피워낸 피워낼
아름다운 사랑의 꽃들이
바람 속에 수많은 사랑의 빛깔로 노래하네

꽃 11
우리, 소중한 서로, 완전한 하나

Fly (Demo Versoin) - Florian Christl

안개가 자욱이 낀 거리
무채색으로 지워져 가는 시간 속
점점이 선명해지는 눈송이
짙어지는 밤을 지우며
너와 나의 두 손에 내려
저 눈의 하얀 빛처럼
우리는 서로를 껴안는 마음의 위안이 되어
너의 품에 안겨
너를 내 품에
나는 너의 품에
우리는 서로의 그늘에 서서
소중한 빛의 꽃으로 드리워
하나 되어 꾸는 꿈
머리맡에 둔 소중한 그 꽃처럼
우리의 꿈속에서 하늘로 날아올라

안개가 짙어
어둠을 지우는 눈송이 날리는 거리
밤하늘에 안개 눈 피어
하얀 눈길 위에

너와 나의 발자국
봄이 오는 길을 따라
오늘도 조금씩 그리는 우리의 사랑은
서로의 그리움을 안아주네
서로의 마음을 어루만져 주네
오래 전부터 우리는 어디선가
또 다른 자신을 찾아 헤매었는지 몰라
이제 너는 또 다른 나
이제 나는 또 다른 너
우리는 그렇게 완전한 하나가 되어
가슴 가득 봄의 꽃처럼
선명해져 가는 하늘 가득
피어난 하늘 꽃처럼
너와 나의 소중한 서로가 되어
오늘도 살아있음의 노래를
그렇게 서로에게 살아있음의 축복을
감동의 선물을

꽃 12
꽃의 화음

Vivaldi Variation - Florian Christl

먼 곳에서부터 걸어왔어
푸른 숲속에서 사슴이 가슴에
신비한 꽃을 피우고 있었어
사슴의 눈망울에 비쳐있던
푸른 나무와
그 꽃을 안고 왔어
방 안에 푸른 나무와 꽃을 심었어
방 안에 눈이 내려
내 방 안은 화폭이야
화폭 안에 너와 나의 사랑을 그려
방 안에 피아노가 있어
피아노에서
어디로 날개를 펼치고 날아가는지 모르는
멜로디가 흘러
멜로디가 너를 부를 때마다
건반은 마디마디마다 하얀 꽃을 피우고 있어
내 방 안 건반으로부터 날아오르는
꽃의 멜로디
하얀 멜로디가 화폭 밖으로 날아가
네가 바라보는 별에 멜로디를 새겨

서로를 가슴에서 노래하는 우리의 사랑이
빛나도록 바람에 새겨
별에 바람에 새긴 하얀 꽃의 화음이
너를 아름답고 따뜻하게 안아주도록

꽃 13
깊어가는 우리의 하늘, 사랑

        쇼팽 Andante in E Flat Major (내림 마장조) - 손열음

앙상한 나뭇가지 사이로
눈부신 햇살이 빛나
하늘은 높고 푸르러
새는 빈 나뭇가지에 지은 둥지를 찾아
날아들고
아직 차가운 바람을 따뜻한 햇살이 녹여
언젠가 봄이 오면
너와 손을 맞잡고
눈부신 햇살을 마중 가야지
너를 마중 나가고 있어
곧 봄이 오려나 봐
아직 차가운 바람 속에서도
시린 손을 주머니에 넣을 줄 모르고
입김으로 녹여
하얀 입김이 피우는 따뜻한 꽃송이
너에게 닿도록
아직 시린 계절을
우리 사랑의 입김이 녹여
겨울 속에서도 따뜻한 봄이었어 우린
저 높은 하늘이 외롭지 않은 건

너와 같은 하늘 아래
마주 서있어서
평면이었던 시간이, 거리가
깊은 여백을 안고
허공은 앞으로 우리에게 펼쳐진
시간이라는 꽃망울을 품고
너와 함께 틔울 꽃을 기다리고 있어
그렇게 우리는 함께 봄이야
지금 이 순간도 피고 있는 겨울 속의 새싹
따뜻한 눈 속에 덮여
가만히 숨 쉬고 있는 우리의 봄
하늘이 이토록 깊은 건
시간이 이토록 깊은 건
우리가 틔우는 영원한 사랑의 봄이 있어서

꽃 14
꽃이 핀 바다

마법의 성 - 포레스텔라

바닷속엔 무엇이 살까
잠들지 않는 바다에는
바닷속에서 고래의 이야기가
펼쳐질지도 몰라
하늘과 맞붙은 밤바다가 어둠으로 짙어
달빛과 별빛은
짙은 바다의 이야기를 안아주고 있어
바다의 물결 소리가 마음을 씻어줘
내가 넓어지는 것 같아
깊어지는 것 같아
저 바다를 보고 있으면
너의 품처럼 넓고 깊은 바다
너의 품에 있으면 나 또한
고요한 바다가 돼

옅은 안개 사이
저기 푸른 바다가 오고 있어
저기 어딘가 멀리서 창문의 불빛
기도하는 잠들지 못한 사람
우리, 꿈을 안고 밤하늘을 날아

함께 용기와 희망의 기도를 해
우리의 꿈이 닿는 곳에
함께하는 세상이 있으니
하늘엔 저마다의 별이 빛나듯
이 세상에 저마다 빛나는 사람들
너와 나 우리의 소중한 사랑으로
저 별들이 빛을 잃지 않도록
어느 잠들지 못한 창가의 노래가 되어줘

하얀 물보라를 안고
달빛을 품은
언제나 떠오르는
새벽의 태양을 안고
밀려가도 밀려가도
다시 밀려오고 밀려오는 바다의 파도
그리움의 끝에 핀 꽃
꽃이 핀 바다
이제 너에게 다가가 닿고 닿아
육지가 바다를 그리워하듯
바다가 육지를 그리워하듯

우리는 서로를 그리워해
우리는 서로에게 다가가 닿고 닿아
우리는 하얀 파도의 끝에서
함께 꽃이 핀 바다가 돼
너의 품은 넓은 바다 같아서
우리의 사랑은 바다 같아서
서로를 품은 사랑 속에서
꿈꾸는 바다
우리 이제
저 하늘과 바다가 맞닿은 곳으로 가
우리 앞에 펼쳐진 미지의 시간
너와 함께
그 시간 속 무지개에 사랑의 꽃을 피워
하늘이 바다를 감싸 안아주듯
바다가 하늘을 감싸 안아주듯
우리는 서로의 품에서
서로의 바다와 하늘이 되어주기로 해

꽃 15
저기 하늘 너머

Over the Rainbow - Josh Groban

저기 하늘엔 어떤 세계가 있을까
푸른 하늘을 넘어
우리의 꿈이 맞닿는 곳
언제나 새들의 노랫소리 들려오는 곳
우리의 사랑의 노래 들려오는 곳
나는 너와 함께 깨지 않는 꿈을 꿔
우리가 간직한 영원한 사랑의 이야기들
우리 함께라면
영원히 깨지 않는 꿈속에서
언제나 함께 사랑의 노래를 만들고
그 노래가 다시 우리의
세상의 꿈이 되고
언제나 사랑의 노래를 부르고
우리가 함께 부르는 노래가 다시
우리가 만드는 봄의 꿈이 되고
행복의 파랑새는
언제나 우리 곁에 있을 거야
영원히 함께인 우리의 곁에
저기 하늘엔 어떤 세계가 있을까
우리가 언제나 사랑으로 꿈꾸며

만들어 가는 세계가 있어
오늘도 우리의 아름답고 깊은 사랑을 따라
저기 저 하늘 위로 날아올라
저기 저 푸른 하늘 위로

꽃 16
하늘의 아침
쇼팽 야상곡 5번 올림 바장조 작품번호 15-2 – Maria Joao Pires

우리의 아침
매일이 우리의 설레는 새로운 시작
흐리고 무거운 하늘 아래서도
우리 사랑의 입맞춤은
피아노 선율의 물결처럼
가장 깨끗하고 맑은
숲속 호수에서 길은 투명한 물의 결정체
우리 서로의 숨결이 되어
우리의 아침을 길어 올리네
우리 서로를 바라보는 미소에
생의 꿈과 희망이 있고
하늘로 꽃이 피어오르고
꽃에 하늘이 스며들듯
하늘이 꽃이 되고 꽃이 하늘이 되듯
무거운 공기가
음악의 아름다운 선율로 피어나고
음악에 생의 축복이 스며들듯
우리는 그렇게 서로에게 스며들어
매일 아침 새로이 피어난 생명의 꽃이야

꽃 17
이름 없는 꽃을 위한 노래

쇼팽 Nocturne in E Minor, Op.72 No.1 - 손열음

연둣빛 줄기마다 피어난
한 떨기 자줏빛 꽃
화병에 꽂힌 뿌리 없는 줄기
목을 축일 물과 닿아있지만
공기 속에서 어느새 물이 말라가
겨울 저녁 저무는 여린 햇빛처럼
꽃의 시간은 야위어 가지만
꽃의 시간이 멈췄을 때
차라리 그 멈춘 시간 속에서 영원이 되리라
이름 없는 풀꽃
그 꽃을 기억하는 존재가 없다고 할지라도
꽃은 햇빛을 사랑하여
이곳, 자신을 둘러싼 이 공기를 사랑하여
꽃이 찬란하게 피어있었던 시간은
꽃을 외롭지 않게 하니

먼 데서 봄이 오는 소리
잔설을 녹이고
언 강물의 얼음을 녹이며
위대한 대자연의 시간은 다시 흘러
스스로 봄이 되는 모든 생명들 사이
꽃은 멈춘 시간 속
영원히 피어있을 것이니
그 꽃에게 봄은 그렇게
찬란히 피어있었던 영원이라는 시간
꽃은 자신의 봄을 기억하며
스스로 봄이 되리니
언젠가 봄이 끝나갈 무렵
모든 꽃들은
영원 속에 찬란했던 시간을 기억해
봄이 지나간 뒤에도
스스로 봄이 되어
멈춘 시간 속 영원히 피어있으리니

꽃은 나라는 존재 안에서
누군가 자신을 불러주는 이름이
그리울지라도
시간의 흐름 속
자신 안에서 수없이 피어난 존재의 이름으로
남아있을 것이니
그 이름은
하나의 명칭으로 불리는 이름이 아닌
이름으로 아름다우리니

꽃 18
언제나 하늘은

쇼팽 Andante Cantabile in F Major (바장조) - 손열음

겨우내 긴 그림자를 끌고 걸어 와
눈이 내린 달빛 푸른 밤이면
칼바람이 내리쳐
눈물조차 얼어버린 그림자 속 내 모습
현실은 가혹한 곳, 혹독한 시간
자유가 어디로 가야 할지 모르는
혼돈이 아니라
자유가 꽃이 필 수 있는 하늘임을 알기까지
고통인 나날들이
얼어붙은 눈물처럼 혹독했다
나에게도 초록의 계절이 와줄까
고민했던 날도
하늘은 변함없이 나의 위에서
내가 지향할 수 있는 곳이었다
내가 앙상한 나뭇가지만 남은 채
고독한 밤을 홀로 서있을 때에도
나의 너는 하늘처럼 별을 안은 채
나를 지켜주었다
나의 꽃은 시간 속에 저절로 핀 것이 아니다
처절한 추위 속에

봄을 피워 올리며 봄을 만들며
끝내 어느 따뜻한 바람이 부는 날
꽃을 피워 올린 것이다
내 안 가득히 안으로 안으로
고독을 노래하던 나의 꽃망울이
내 몸 가득 피어난 것이다
이제 나의 꽃으로
오래 기다린 사랑의 숨을 쉬며
이제 내가 하늘을 아름답게 안아주는 것이다
나에게 하늘은 너라는 사랑이다
하늘은 나의 소중한 사랑, 너이다

꽃 19
그리움이 닿는 곳

쇼팽 Lento in G Minor (사단조) - 손열음

먼 그리움을 달려
새들이 날아오는 길을 따라왔다
바닷길도 끝난 곳 그 너머
새의 고향은 따뜻한 봄
겨울 끝 봄이 오는 길을 따라
눈 내린 어두운 밤에
새들의 봄 길을 따라
그리움 끝에 핀 동백꽃
우리의 고향은
손 내밀면 닿을 듯이 그리운 Home
그곳은 너와 나의 사랑
너와 내가 함께 가는
그리 멀지 않은 해 뜨는 곳
언제나 서로에게 그리운 곳
그곳은 우리 서로의 곁에서
하루의 시작이 가장 처음 떠오르는 새벽
해 뜨는 바다를 안고
서로의 소중한 영원이 되어주는
서로의 곁에서 소중한 숨결이 되어주는
서로를 향한 사랑, 우리

그곳은 눈 속에 꽃이 피듯 따뜻해
혹독한 추위도 두렵지 않아
맑고 투명하게 피워 올리는
하얀 눈을 닮은 붉은 꽃
손 내밀면 닿을 듯이
늘 여기 서로의 곁에 있어
우리의 Home은 그렇게
서로의 그리움이 닿는 곳
서로를 향한 영원한 사랑

꽃 20
봄의 노래

쇼팽 Allegretto in B Major (나장조) - 손열음

하얀 눈이 끝없이 펼쳐진
하얀 도화지에 그림을 그려
가슴속 가장 깊은 곳에서부터 길어 올린
행복의 노래를
음과 음이 모여 화음이 되듯
화음과 화음이
너와 나의 영혼의 교감이 되듯
교감이 우리의 가슴 깊이
울리는 노래가 되듯
하나하나의 감동을 모아 그림을 그려
수많은 빛깔의 꽃잎을, 꽃들을
그 꽃들은 사랑의 노래야
우리의 영원한 생명의 봄의 노래
하얀 눈 내린 도화지가
꽃의 화음, 꽃의 노래로 가득 차
기쁨이 행복이
생의 순간순간의 감동이 돼
너에게 영원히 사랑의 감동을 선물하고 싶어
가슴속 깊은 우리의 사랑의 노래가
아름다운 꽃의 화음
꽃의 노래가 되듯

꽃 21
너는 나의 모든

쇼팽 Larghetto in F Shap Major (올림 바장조) - 손열음

내 깊은 모든 사랑을 너에게
너는 나의 생의 모든 꿈
모든 살아있음의 의미
내 가슴속 가장 소중한
사랑의 눈물을 모아 너에게
맑고 깨끗한 아침의
수정 같은 투명한 미소를 너에게
맑고 깨끗하게 피어난
아침의 하얀 꽃을 너에게
너는 나의 숨
네가 나에게 입 맞추는
소중한 사랑의 숨결에
난 가슴속 깊은
꿈과 희망, 행복, 감사의 눈물로
사랑을 숨 쉬어
너는 나의 가장 행복한 생명의 숨

꽃 22
I'm Singing for You

Singing for You (Inst.) - 서월

어제가 어제가 아닌 것은
오늘이라는 시간이 있기 때문이지만
오늘이 어제가 아닌 것은
새로이 시작하는 우리가 있기 때문일 거야
I'm singing for you
높이 날아오르려는 꿈과 희망이 있다면
하늘은 더 이상 먼 저편이 아닌 걸
오늘도 하늘에 새기는
너와의 사랑의 약속
같은 하늘 아래 우리
우리만의 하늘에 사랑의 꿈을 그려가
I'm singing for you
메마른 현실 속에서
너는 나에게 한 줄기 빛 같은 시
우리는 서로에게 시와 노래
저녁노을 지는 붉은 하늘 아래
너와 나는 하나의 그림자
우리 이 밤 또 서로에게
어떤 별빛이 되어줄까
무엇부터 시작할까

오늘도 너와 나 함께
같은 시간 속에 서로의 향기로 피운 꽃
영원히 너와 나 함께
같은 시간 속에 같은 꿈속에서 발맞출 우리
오늘은 우리의 하늘에
어떤 사랑의 꿈을 그릴까
I'm singing for you forever

꽃 23
그날들

Feelings - 미라클라스

사방은 어둡고
조각난 거울 속의 나는 맞춰지지 않았어
무릎에 얼굴을 묻고 있었던 시절

나의 눈은 쏟아지는 빗물로 젖어있었던가
이젠 흩어져 사라져

언제나 그날들을 기다리며
나의 창문은 오늘도 새날을 맞아

그날들은 언젠가 올 거라 믿으며 우리의
온 마음을 모아 기도하며
나는 나의 무대에서 춤을 춰
두 손을 가슴에 모으면 네가 그려져

모든 시간은 그날들로 흐르고 있어
모두 잠든 숲에 어둠이 내려도
멀리서도 너와 내가 함께 걷는 발걸음은
빛나고 있으니
언젠가 다가올 그날들을 향해

새들이 날아가는 길을 따라
오늘도
나의 온 사랑과 마음은 그날들에 들릴
우리 기쁨의 노래로

자유롭게
어디에도 속박되지 않도록
나의 맨발로 날아오르리
나의 맨발이 느끼는 모든 것들을
소중히 간직하며
오늘도 그날들을 향해

우리 함께 만나 사랑의 꿈을 펼쳐갈
그날들에 울릴
하늘의 아름다운 종소리를 위해
반드시 올 그날들을
오늘도 하늘에 그리며
고요히 두 손을 가슴에 모아
너를 그려

어디선가 들리는 종소리
그날들은 가까이 다가와
나의 온 사랑과 마음을 모아 기도하며
나의 무대에서 춤을 춰
언젠가 함께 자유가 되어 사랑의 꿈으로
하늘을 날 그날들을 위해
고요히 두 손을 가슴에 모아
너를 그려

꽃 24
너의 노래, 사랑의 향기

Feelings - 미라클라스

천천히 어둠을 걷고 있어
한 줄기 빛이 보이지 않아도
어디선가 꽃의 향기가 불어와

살아있음이란 그런 것
기대하는 것을 멈추지 못하는 것이 아닌
지금 이 순간 하늘을 날아오르는
생의 기쁨으로 충만한 것

저 땅 위에 나무 하나
오늘도 하늘을 향해
고독한 생의 항해에 감사하며 서있어

나무의 노랫소리가 들려
겨우내 땅속뿌리에
살갗이 찢어지는 고통을 묻고
추위의 칼날이 아프게 지나가도
땅으로부터 길어 올리는 생명의 물줄기
나이테를 꼭 껴안고 껴안아
자신을 달래는 노랫소리 끊이지 않도록

나무에 달린 마지막 남은 잎새
바람에 날아가 버릴 때
그렇게 겨울이 올 때에도
안으로 안으로
자신을 달래는 노랫소리 나직이
끊이지 않았으니
땅으로부터 길어 올리는
조용한 생명의 물줄기

노랫소리는 나뭇가지를 타고
고요히 하늘로 울려 퍼져
빈 여백의 외로움을 감싸며 울려 퍼져

겨울의 끝
봄을 마중 가는 비 내리는 날
영원히 피어나는
오랜 사랑의 향기로
세상에 은은히 울려 퍼지니

꽃 25
너와 영원히 꿈꾸고 싶다

명곡 (Vocal. 지묵) - 그네

내 가슴속에 나비 하나 살고 있어
깊은 어둠 숨긴 채
번데기 안에서 숨 쉬던 그 나비는
허물을 벗기를 기다렸지

눈부신 날 어느 햇살 비추던
참 따스한 바람 불던 날
날개들은 번데기 속 어둠을 찢었네

거칠고 험한 바다는 나비에게 가혹해서
지쳐 쓰러져 헤매다
생명의 꽃밭을 찾다 마침내 찾은 꽃
그건 바로 너라는 꽃
난 숨 쉰다

나는 나비 너와 난 미소 띠며
부드럽게 서로를 안아
비가 와도 우린
두렵지 않아서

거칠고 험한 바다는 나비에게 가혹해서
지쳐 쓰러져 헤매다
생명의 꽃밭을 찾다 마침내 찾은 꽃
그건 바로 너라는 꽃
난 숨 쉰다
너라는 진정한 숨

수천 번을 태어나도 널 찾아
이 세상에 단 하나의 꽃
넌 나의 눈물도 안아
우리의 이름을 불러 너와
그건 봄 너와 이대로
사랑을 꿈꾸고 싶다

너와 꿈꾸고 싶다 우리 이대로 영원히
눈부신 햇살 비추던 참 따스한 바람이 불던
우린 함께 축복
우리의 이름은 봄
난 숨을 쉰다
너라는 진정한 숨
수천 번을 태어나도 널 찾아
넌 나의 깊은 슬픔까지
가만히 감싸 안아 널 느껴

오늘도 난 너와 영원히 꿈꿔

꽃 26
Feelings

Feelings - 미라클라스

메마른 땅에 숙인 나
목을 축일 물도 없는 이 땅 위에
시든 풀 한 포기로 난 그렇게 태어나
누구도 없었어

뜨거운 바람 속 못 이룬
어제의 소망을 버리지를 못해
타는 가슴에 눈물이 흘러
온 마음으로 간절히 바라고 바라
희망을

하늘이 서서히 열려 Feeling
감았던 눈을 뜨고 고개를 들어
눈부신 태양이 저기 변함없이 있어
오 Feeling 너와 나의 기쁨

세월은 물결처럼 흘러
많은 것이 변하여만 가도
변하지 않는 것이 있으니 그것은
힘든 시간을 함께한 사랑

하늘이 서서히 열려 Feeling
감았던 눈을 뜨고 고개를 들어
눈부신 태양이 저기 변함없이 있어
오 Feeling 너와 나의 기쁨이

몸이 말라가도 목이 타들어 가도
긴 어둠 속 한 줄기 빛을 따라가
언제까지나

부드러운 바람을 느껴봐 Feeling
내 거친 머리를 쓸어 넘겨주는 손
내 마음에 한마음에
살아있음의 기쁨

가슴 가득 떠오르는 붉은 태양 Feeling
온 가슴으로 안아 영원히 Forever
생의 감동을 기쁨을
너의 두 손에 선물해 오 Feeling
오늘에 감사해

오 Feeling Feeling
내 마음에 한마음에
영원히 피어날 꽃 사랑
오 Feeling 살아있음에 감사해

꽃 27
너와 나의 사랑 이야기

Marguerite Monnot:
Hymne a L'amour (Orch. Ducros) - Gautier Capucon

피아노 소리가 청아하게 들리고
바이올린의 전주가 흐르면
나는 눈을 감고
두 손을 소중한 가슴속 사랑에 얹고
노래의 꽃을 피워
너에게 사랑의 이야기를 시작해
고요하고 아름답게 꽃의 속삭임처럼
때로는 잔잔한 눈빛으로 말하는
마음속 깊이 간직한 사랑을
때로는 폭풍 같은 그리움의 격정의 사랑을
그러나 늘 고요하고 잔잔한
반짝이는 은빛 물결 같은 사랑의 향기를
내 가슴속 너를
이토록 사랑하는 마음을
다 어떻게 표현할까
첼로 선율이 흘러
첼로의 깊은 선율처럼
내 가슴속 깊은 곳에
너를 향한 아직 다 못한 사랑이
사랑의 샘물은 영원히 솟아올라

영원히 다하지 못할 사랑이
어제도 오늘도 내일도 펼쳐질 영원한 사랑이
한순간도 사랑과 꿈이 아니고서는
존재하지 않는 별처럼
너와 함께 꾸는 우리 사랑의 꿈은
그렇게 빛날 거야 영원히 영원히
나의 온 마음을 다해 사랑해
오늘도 너에게 하지 못한 가슴속 이 말
너를 위한 아름다운 멜로디로
노래를 불러

꽃 28
달빛의 춤

Clair De Lune (달빛) - Gautier Capucon

밤 깊은 달빛 안은 호수에
물결 소리 뒤척이면
나는 작은 배를 타고 호수를 건너네
밤하늘의 푸른빛이 달빛처럼 쏟아지고
하늘에 사랑의 수를 놓듯
은물결 빛나는 호수 가운데
배 위에서 춤을 추네
달빛에 비친 그림자 춤을 추네
눈은 저 먼 곳
그리운 하늘 너란 별빛에 닿아
깊이 모은 두 손은
내 가슴속 아름다운 노래 너에게로
너에게 보내는 가슴속 깊은 사랑의 꽃에게로
물의 요정처럼 작은 꽃신을 신은 발이
단아하게 밟는 리듬
호수를 둘러싼 푸른 숲의 합창
나는 가슴속 사랑을
붉은 피리에 담아 붉은 입맞춤으로
너를 향한 그 모든 사랑의 빛깔 꽃을 피우네
푸른 피리에 담아 바람에 띄워

언제나 내 가슴속 함께 있는 너의 창가로
푸른 숨을 부네
너는 나의 음악 노래 시 영원한 사랑
내 생애 빛 기쁨 그 모든 것
나는 은물결 빛나는 호수 위를
너와 함께 걷네
영원 속에 멈추리 아름다운 우리의 밤
영원한 우리 사랑의 노래 꿈
푸른 달빛
먼 곳에서도 우리 서로에게 별빛으로 닿아
서로를 향한 아름다운 사랑의 미소를
영원히 비추네

꽃 29
우리, 서로의 평온함이 되어주다

Rusalka, Op.114 Act 1. Mesicku Na Nebi Hlubokem
(달에게 바치는 노래) - Gautier Capucon

밤하늘에 날아오는 새의 무리들
눈 그친 비 소식 듣고
먼 나라 남쪽에서
따뜻한 집을 찾아 날아왔을까
1월이라는 달도
이제 겨울이라기보다는
겨울이 마지막이 되어가는
봄으로 가는 길목이라는 것을
제법 높아지고 더 따뜻해진 햇살로
언 땅이 녹도록 촉촉이 적시던
어느 잠 못 드는 밤의 노래처럼
내리던 비로 알았다
너를 향한 사랑의 노래는 한 떨기 꽃
고요한 밤바다
바람에 파도 일렁이면
너의 노래가 너의 사랑이
파도를 잠재우고
빛나는 푸른
하늘이 된 바다 바다가 된 하늘처럼
그 넓고 넓은

깊은 바다와 하늘이 돼
날개 속에 고개를 깊이 파묻은
백조 한 쌍
고개를 서로의 날개에 묻고
오늘 하루의 고단함을 기대어 쉬네
서로의 평온한 숨이 되어주네
함께 서로의 날개 속에 잠든
백조 한 쌍
꿈속에서 함께 해 뜨는 곳으로 날아가네
새벽이 오면 함께 떠오르는 해를 바라보며
영원히 깨지 않는 사랑의 꿈으로 날아오르리

꽃 30
나는 너를 기다리지 않음으로써 기다린다

Pavane in F Sharp Minor,
Op.50 (파반느 올림 바단조) - Gautier Capucon

나는 너를 기다리지 않음으로써 기다린다
기다림만을 기다리다가
불타오르는 마음
애타다가 불타오르다가 재가 되는 마음
재 속의 사랑의 불씨는
영원히 꺼지지 않을지라도
아름답게 타오르는 불꽃은 되지 못하니
나는 매일 음악으로 너를 연주하고
사랑을 연주하고 노래하고
시로 너를 그리고
하늘에 빛나는 사랑의 별빛을 심어
수많은 사랑의 별빛이
밤하늘을 빛나게 하겠다
제 곡조를 못 이기는 사랑의 노래를 부르는 날엔[1]
잠시 깊은 사랑의 눈물도 흘리겠다
그렇게 나는 너를 기다리지 않음으로써

---

1) 한용운의 《님의 침묵》 중 〈님의 침묵〉에서 인용

기다린다
너를 기다리지 않음으로써
너에게 한 걸음 더 다가가고
우리 사랑의 기다림을 빛나게 하겠다
우리 서로 기다림은
별빛 담은 우리의 사랑 이야기가 되어
하루하루
서로에게 더 다가가고
서로를 더 깊이 알아 서로를 안아줄 테니
나는 너를 기다리지 않음으로써 기다린다
그렇게 너에게 다가가는 하루하루 기다림은
조금씩 발자취를 남기는
우리의 빛나는 사랑의 열매가 되어
언젠가 우리 처음 만난 겨울이 다시 와
나무 앙상한 가지 될 때에도
우리 빛나는 별빛 사랑으로
그 모든 사랑의 모습으로 빚은
수많은 빛깔의 사랑의 열매가 되어
열릴 테니

꽃 31
우리의 영원한 사랑의 내일
- 아름다운 사랑의 숲에서

사티: 짐노페디 1번 - Nigel Kennedy

너와 함께 눈을 감으면
새로운 세계가 펼쳐져
너와 함께 손을 잡고 이 문을 나서면
어떤 풍경이 펼쳐질까
그곳은 두려움 없이 너와 내가
신비한 내일을 맞이하는 곳
숲에서 온갖 새들이 아름답게 지저귀고
우리가 꿈꾸는 모든 것이 이루어지는 곳
너와 손잡고 하늘을 걸어 구름 위를 걸어
언제나 우리 사랑의 아름다운 꽃이
열매로 열리는 숲
그 숲을 맨발로 너와 걸어
부드러운 흙과 나뭇잎이 우리의 발을 감싸
우리는 느껴
우리의 사랑으로 깨어나는 숲의 심장을
우리의 내일은 오늘처럼 시작되고
우리의 오늘은 내일처럼 시작되고
우리가 걷는 걸음걸음마다 사랑의 꽃이 피고
사랑의 샘에서는 맑고 깨끗한 생명의 물이 영원히 솟아나고
이곳은 시계가 없는 곳이야

우리만의 시간이 흘러
숲에는 아름다운 숲속 향기가
우리의 추억과 우리의 미래와
우리의 영원한 이 순간이 함께
수많은 빛깔의 꽃잎 되어 흩날리는 곳
우리 이 하늘의 숲을 영원히 걸어
이곳은 우리의 영원한 사랑의 꿈이
이루어지는 곳이야
우리가 영원히 함께 이루어 갈

꽃 32

우리의 사랑, 그 모든 아침

> Auf Flugeln Des Gesanges (노래의 날개 위에)
> – Gautier Capucon

겨울이 가는 길목에서 봄이 오듯
나는 너에게 줄 영원한 사랑의 선물
하얀 장미꽃을 두 손에 소중히 안고
너를 마중 나가네
봄을 마중 나가네
봄이 오는 길목에 꽃이 피네
내 마음속 고이 접어두었던
그 모든 사랑의 날개
하나하나 펴네
그 날개마다 아름다운 사랑의 꿈을 새기네
겨울의 눈송이가 날개를 달고 내리듯
하얀 장미 꽃잎에 나의 사랑을 입 맞추고
하얀 장미 꽃잎 흩날리는
그 모든 사랑의 아침처럼
너를 마중 나가네
우리가 사랑한 사랑할 모든 계절이
하얀 꽃잎 되어 내리네
맑고 청아한 우리의 모든 아침이
사랑의 숨이 되어
그 여름 어느 날 나뭇가지에 핀 나뭇잎 되어

푸르게 내리네
눈부신 햇살을 안고 빛으로
가을의 노란 낙엽 되어 추억처럼 내리네
세상의 모든 아침의 투명한 빛으로
겨울의 하얀 눈꽃 되어 내리네
영원한 사랑의 노래가 되어

꽃 33
꽃의 사랑

Ludovico Einaudi: Una Mattina - Gautier Capucon

해가 지기 시작하면
저마다 자신의 보금자리로 찾아가는
발걸음들
해마저 지평선 너머 사라져
어둠이 찾아오면
밤은 홀로 별빛을 안고
잠이 든 지붕들을 지킨다

밤의 어둠 속
잠들지 못하고
불어오는 바람에 가느다란 섬세한 떨림
아무도 없지만 홀로
한 잎 한 잎 피워낸 꽃
홀로 고독한 어둠을 감싸 안는다
어둠의 슬픔을 안고
꽃 그 자신이 그렇게 있음으로써
아무도 돌아보지 않는 어둠의
여백이 되어줌으로써
어둠의 깊이를 더 깊게 한다
꽃은 어둠을 안고

스스로 슬픔의 깊이가 된다
꽃은 자신의 꽃잎으로 어둠을 껴안는다
깊은 여백 속에서 서로를 감싸 안는
꽃과 어둠
어둠을 안은 꽃잎
꽃을 안은 어둠
서로 교감하여 먼 별빛으로 흐르는
우주가 된다

새벽이 오면
홀로 남은 꽃
따뜻한 어둠의 기억을 안고
바쁜 일상의 거리 속에서도
오롯이 아름다운 슬픔으로 세상을 안는다
아름다운 사랑이 된다

꽃 34
봄의 화음

Variation 9. Nimrod – Adagio (변주9) – Gautier Capucon

언 땅이 녹는 것은
지난겨울
앙상한 나무가 혹독한 추위를
온 뿌리로 견뎌주었기 때문이다
얼어붙었던 강 속에서도 깊은 물은
흐르고 흘러 제 길을 가고 있었으니
바다가 언제나 거기 그 자리에서
기다려 주었다
언 강이 녹아 물은 다시
은빛을 안은 채 흐르고
나무에 귀를 대면
차가운 바람 속에서도 길어 올리는 수액
나무는 앙상한 채 헐벗지 않았다
살아있음의 신호
그렇게 봄을 준비하며 기다리고 있었으니
부드러운 바람에 보이지 않게 조금씩
봄을 피워 올리고 있다
하늘은 다시 한 계절이 지나가는 길목에서
따뜻한 봄을 찾아 날아오는
새들을 안아주고 있으니

바람 속에 들리는 이 아름다운 교향악,
봄의 교향악을 가슴으로 느껴
사람들은 저마다 어딘가에서
봄꽃처럼 자신의 봄을 피울 준비를 한다
눈 녹아 봄비 땅을 적시고
땅은 봄을 숨 쉰다

꽃 35
Dream of Love

I Dreamed a Dream - 미라클라스

내겐 간절한 꿈이 있어
난 늘 기도하고 기도했지
나는 그 꿈으로 기쁘고
오늘을 살 수 있었네

어느 날 머리카락이 잘려
나는 바닥에 버려졌네
내 꿈은 바닥을 뒹굴어
나는 멀어지는 꿈을 바라봤네

내 모습이 변하고
모진 폭풍이 불어와도
내가 간직한 꿈은
변하지 않아 난 어둠을 두드려

내 인생의 단 하나의 꿈
나는 그것을 위해 항해해
오늘도 바다는 빛나고
파도는 거칠지만

끝내 나는 멈추지 않으리니
내 인생 단 하나의 꿈이니
언젠가 다가오리니
단 하나의 사랑 단 하나의 꿈
I Dream

꽃 36
어느 봄의 이야기

Chen Qigang: You and Me (Orch. Ducros)
– Gautier Capucon

어느 아름다운 옛날이야기는
먼 하늘에 묻어두었으니
별빛이 내리는 어느 밤에
빛을 타고 내려와
잠들지 못한 어느 창가에서
자장가를 불러주네
내가 걷는 길에 들리는 꿈꾸는 노랫소리
너와 다정하게 걸으니
오늘 다 못한 이야기를
내일의 별에 걸어둔다
꿈꾸는 하늘은 언제나 아름답고
지금 흘러가는 시간 속 이야기들은
언젠가 옛날이야기가 되어
하늘에 담아두겠지
그 이야기는 훗날 미소가 되어
따뜻하게 마음을 찾아오겠지
봄의 씨앗을 심어둔
아직 싹이 나지 않은 화분에
부드러운 바람이 내리네
오늘의 하늘이 내리네

언젠가 모든 세상에 봄의 새싹이 트는 날
창가의 작은 화분도 하루만큼 더 자라
오늘을 내일로 피워 올리겠지
사람들이 소원을 등불에 담아
하늘로 올려
등불들이 꽃처럼 하늘로 올라가네
별이 되네
밤하늘 수많은 별들은 꿈이 되어 빛나네

꽃 37
맨발의 꽃

> Piazolla: Oblivion (Orch. Ducros) - Gautier Capucon

언제나 나의 발걸음은 너를 향해있으니
너에게로 향하는 걸음걸음마다
맨발로
순결하고 순수하고 청초하게 피어나는
하얀 꽃처럼
맨발에 닿는
그 모든 아름다운 느낌들을 담아
부드러운 흙을 밟는
따뜻이 감싸 안는 사랑의 마음을
너를 위해
꽃잎을 밟으며
흩날리는 아름다운 꽃의 향기로운 마음을
하늘의 구름을 밟는
자유로운 날개의 마음을
바다의 깊은 물결을 밟는
푸르고 깊은 사랑의 마음을
언제나 변함없이 떠오르는 태양을 밟는
매일 새로운 마음의 영원한 사랑을
저무는 붉은 노을로 지는 태양을 밟는
슬픔을 감싸 안는 따뜻한 위안을

붉고 노란 낙엽을 밟으며 영그는
내 마음 가장 깊은 곳의
맑고 투명한 기쁨의 눈물로 빚은
사랑의 열매를
빗소리를 밟으며 가슴에 여운 지는
빗방울 듣는 호수에 번지는 물결 같은
그리움의 속삭임을
투명한 바람을 밟으며
가슴에 불어오는 섬세한 사랑의 숨결을
차가운 흰 눈을 밟으며
시린 찬 바람도 견디는
연약하지 않은 마음을
겨울의 찬 바람을 밟으며
추움도 따뜻하게 만드는 사랑의 평온을
첼로의 현을 밟는
내 마음 가장 깊은 곳의 사랑의 울림을
바이올린의 현을 밟는
내 마음의 수많은
아름다운 사랑의 이야기의 멜로디를
피아노의 건반을 밟으며

건반의 음 하나하나에 담긴
세상의 모든 아름다운 이름의 느낌을
이 세상의 모든 아름다운 것을 밟으며
느끼는 소중하고 소중한
모든 아름다운 사랑을
늘 영원히 너에게 너의 아름다운 가슴에

꽃 38
눈물의 빛

Chopin: Andante Spianato in G Major - Oleg Marshev

나의 가슴에
맑고 투명한 눈물방울들이 맺혀있어
그 영롱한 빛의 눈물방울들은
끝없는 사막의 모래를 걸으며
타는 목마름을 축이게 하고
아무것도 보이지 않는
암흑의 밤하늘을 바라보았을 때
별빛 반짝이는 빛을 바라보며 쉬는 숨처럼
막막하게 보이지 않는 길을 걷게 하고
생의 길에 벽이 있어 막혀있을 때에는
벽을 두드려
그 벽을 깨뜨리는 용기를 갖게 하고
생의 길에서 지쳐 쓰러져 갈 때에는
길의 밖으로 나가
하늘과 바다를 바라보며 쉼이 되어주고
희망을 일구게 하고
아스팔트 거리
의미 없이 지나가는 자동차와
뜻 모르게 서있는 콘크리트 건물 속에서
길을 잃고 메말라 갈 때에는

별빛을 비춰주고
아스팔트 틈 사이에서 뿌리를 내리고 자라나 꽃을 피우는 들꽃이 되게 하고
가슴속에서 연주하는 음악처럼
솟아오르는 생의 기쁨이 되게 하고
영원한 사랑의 노래가 되게 하네
나의 너는 이 모든 영롱한 사랑의 눈물방울

꽃 39
마중

이젠 알아요 - 미라클라스

멀리서 새들이 소식을 전해와요
어제 얼어붙은 마음들이 이제 열려요

긴 겨울 깊은 밤 그리워 아껴둔 눈물을
나무에 가지마다 걸어두고
새봄을 틔워갈래요

그대 있는 곳까지 닿은 그 마음
그대 오는 길 외롭지 않게 할 거예요

그대 오는 길이 어두울까 봐
그대의 걸음마다 등불 켜요

긴 겨울 깊은 밤 그리워 소중한 그 눈물
눈 속에 묻어뒀던 고운 사랑 이제 펴볼래요

그대 있는 곳까지 닿은 마음
그대 오는 길 외롭지 않게 할 거예요

눈 속의 그리움 이제 눈 녹아
꽃으로 피어날 걸 알아요

그대 오면 곱게 아껴둔
사랑한단 말 입 맞출래요

난 오늘도 그댈 마중 나가요

꽃 40
우리가 함께 걸어갈 때
Just Show Me How to Love You - 미라클라스

야윈 두 어깨 위로 조용히 다가와
지친 마음을 감싸 언 손을 녹여주네

서로를 마주 보는 눈으로 전하는
마음의 이야기들 닫힌 마음 열어주네

폭풍우로 쓰러진 나무를 일으켜 주는
사람들의 목마른 가슴 위로
비가 내려와 마른 뿌리들을 적셔주네
넘어져서도 다시 일어나고 일어나는
사람들의 그 타는 목마름
태양 간절한 소망을 위해
흐르는 눈물 그 가슴에

폭풍우 몰아친 바다 파도를 헤쳐 가
흐린 하늘 속에서도 태양은 빛나고 있어

폭풍우 몰아쳐도

끊어졌다가도 다시 솟아오르는 물은
메마른 땅을 적셔 물길을 따라
걸으면 우리가 닿을 곳 그 어딘가 우리가
바라는 곳 언젠가 이루어지는 곳
우리가 오늘도 일구는 것은 무엇일까
사막 같은 모래 언덕을 걷고 또 걸어

폭풍우 몰아친 바다 파도를 헤쳐 가
흐린 하늘 속에서도 태양은 빛나고 있어

서로를 마주 본 마음 사랑은 강물처럼
흐르고 흘러 바다로
온 마음 다해 부르네

어제의 폭풍우는 걷혀
찬란한 햇빛이 비치는 고요한 바다
그 바다를 너와 내가 함께 바라봐

꽃 41
아름다운 아침

> 슈만: Im Wunderschonen Monat Mai (아름다운 5월에)
> – Fritz Wunderlich

어디선가 낯선 발자국 소리가 들리는
밤의 창가에서
모두가 잠든 고요한 시각
밤으로 깊어가던 시간은
어느덧 새벽을 향해 흐르고
밤이 새벽으로 바뀌는
신비로운 우주의 섭리 속에
깨어있는 순간들
시계의 초침이 한 치의 오차도 없이
일정하게 흐르는 공기 속에서
더없이 무정하게 굳어져 가는 공기 속에서
음악으로 너와 영혼으로
아름다운 대화를 하며
깨어있는 순간순간들
반짝이며 깨어있는 밤하늘의 별빛처럼
세상의 모든 반짝이며 깨어있는 빛처럼
새벽이 맞이하는 감사한 오늘이
아침 해처럼
아침에 새로이 피어나는 꽃은 그렇게
밝아오는 푸른 바다 위를 솟구쳐 오르는

고래처럼
강물을 거슬러 오르는 연어의
빛나는 생명처럼
그렇게 시간을 거슬러 오르는 빛나는
열정처럼

꽃 42
우리의 음악, 영원한 꽃을 피우다

Adelaide in B Flat Major,
Op.46 (아델라이데 내림 나장조 Op.46) - Fritz Wunderlich

거기 꽃이 있어서
다만 거기 꽃이 있어서
소녀와 소년은 그곳으로 갔다
소녀는 꽃이 아름다워 꽃을 꺾었다
다음 날 꽃이 힘없이
시들어 버린 것을 보고
소녀는 하루 내내 울었다
소녀는 꽃을 꺾는 것이
아름다운 꽃을 가지는 것이 아니라는 것을
알았다
소년은 소녀를 가만히 안아주었다
봄이 오고
소녀는 꽃이 하나하나 피어나는 것을 보았다
꽃망울이 맺히고 소녀는 가슴이 설레었다
꽃이 피어나고 천지가
온통 꽃으로 가득할 때
소녀와 소년은 꽃이 거기 그렇게
영원히 피어있기를 바랐다
소녀와 소년은 꽃을 가지는 것이 아니라
꽃이 되고 싶었다

자신 안에 꽃을 피우고 싶었다
소녀와 소년은 꽃을 기억 속에 간직했다
꽃이 져서 초록의 계절이 시작될 때에도
그래서 소녀는 울지 않았다

꽃을 간직한 소녀와 소년은
영원히 꽃을 피우고 싶었다
초록에 물이 드는 계절이 왔다
그 계절이 가고
천지에 노란 물이 들고
나무들이 노랗게 타오르게 되었다
소녀와 소년은 노란 나뭇잎에
꽃을 새기기 시작했다
소녀와 소년은 나뭇잎에 음표의 꽃을 새겼다
나무의 노란 나뭇잎 잎잎마다
음표의 꽃이 새겨지고
바람이 불어올 때
나뭇잎은 음표를 연주하기 시작했다
가을 속의 봄
노란 나뭇잎이 연주하는 꽃의 화음

겨울이 되어
천지가 하얀 눈으로 가득할 때
소녀와 소년은 푸른 달빛 아래서
하얀 눈 위에
온통 꽃을 새겼다
겨울 속의 봄
천지의 하얀 눈이 연주하는 꽃의 화음
소녀와 소년은 음악이 되었다
소녀와 소년은 자신 안에
서로의 가슴 안에
영원히 꽃을 피우기 시작했다

꽃 43

화가의 나무

> 슈만: 3개의 로망스 작품 94-1번 〈Nicht Schnell〉
> - 클라라 주미 강, 손열음

멀리 던졌다
사실은 무엇을 던졌는지도 모른 채 던졌다
내가 닿지 않는 곳으로

무엇을 던졌는지 모르지만
나는 그것이 그리워졌다
그리고 닿고 싶었다

그래서 그것을 던진 곳에 나무를 심었다
그것이 그리울 때마다
그리고 무엇을 던졌는지 알고 싶을 때마다
나무에 물을 주었다

나무는 자랐다
가지 사이로 여백이 보이기 시작했다

나는 알게 되었다
내가 던진 것은
아무도 알지 못하는 나라는 것을

가지 사이로
다가오는 무수히 많은 하늘을
밀어내지 않는
나뭇가지와 하늘이 서로 번져
하늘을 품은 나무

그것은 무수히 많은 여백을 가지고 있어
형태를 가지지 않은 나

나의 앞에 수많은 아름다운 '나'를
만들 수 있는
시간이 주어져 있다는 것을 알았다

내가 던진 것은 비로소 내가 되었다

꽃 44
나의 꽃은

슈만: 3개의 로망스 작품 94-2번 〈Einfach, Innig〉
- 클라라 주미 강, 손열음

서로 어울려야 아름다운 꽃이 있다
서로 빈 곳을 채워주며
외롭지 않게
서로 함께 맞대고 서로의 얼굴을 존중하며
자신은 조금 뒤에 피어도
얼굴이 보이지 않아도
떨어져 내려도
피어있는 꽃의 배경이 되어도
그 자체로 서로 아름다운 꽃
나는 때로 그런 꽃이 되고 싶다

그리고 저만치
부드러우며 강인한 아름다운 꽃이 있다
나뭇가지에 자신의 공간을 두고
피어있는 한 떨기 하얀 눈송이 같은 꽃
눈처럼 따뜻하게
세상을 맑고 깨끗하게 물들이고
한 잎 한 잎
맑고 깨끗하고 순수하고 청초하게 피어난
그 꽃은

아름다운 사랑의 향기를 머금고
오늘도 사랑의 꿈을 꾸며
하늘을 향하는 그 꽃은
너만의 사랑의 나이다
나는 영원히 그런 꽃이고 싶다

꽃 45

My Dream in My Life

Angel - 포레스텔라

나는 언제나 꿈을 꿔 눈을 감으면 별이 보여
그 속에 네가 있어 온통 하늘에 별이 가득해
별들의 화음 우리를 감싸는 별들의 화음
별이 온 세상에 내려

You are my dream of my life
Pleasure never before
With beautiful smile and
deep love cover for me

You are my dream of my life
Eternal sunshine
Shine on my darkness
Spread the wings of my hope

Even if we're far between galaxies
We miss each other
My time is always towards you
erase yesterday's sadness
I am sailing through the stars
and sing for you forever

In the ensemble we play
We can be each other's chords
caring for each other
We are the harmony of love

On the road of life
Even if Tiring and hard day
I can dream in your arms
We're each other's resting place

Just like we have the sky and the sea
Our stars are shining as ever
We are walk together and
Look at the same place together
Let's sing making our dreams
beyond that horizon to the sky

In the ensemble we play
We can be each other's chords
caring for each other
We are the harmony of love

On the road of life
Even if Tiring and hard day
I can dream in your arms
We're each other's resting place

There is rough wind coming from
somewhere
We protect each other whenever
everywhere
When we call each other
Our love touches us
In our precious arms
our dream come true

Your beautiful eyes are
looking at my eyes
In our love
we are in each other's eyes

In the ensemble we play
We can be each other's chords
caring for each other
We are the harmony of love

On the road of life
Even if Tiring and hard day
I can dream in your arms
You are the beautiful dream of my life
You are the beautiful dream of my life

꽃 46
모여, 모여서

Going Home - Libera, Michael Horncastle

나는 저 먼 곳 그리운 곳을 부르네
하늘에서 하얀 눈이 내리네
이 세상은 하얗게 물드네
저 먼 곳 그리운 곳이 이곳에 펼쳐지네
이곳은 어쩌면 천국인지도 모르네
내가 평화를 부르니 평화가 왔네

해 뜨는 하늘에 오늘의 편지를 쓰네
모이네 새들이 날아 모이네
내 손에 앉은 새 하나
저 하늘로 날아가
오늘에 보내는 편지를 물고 오네
모이네 모여드네 흩어진 마음들이 모이네
평화의 저녁노을이 모이는 하늘 아래
사람들은 마음의 노래를 부르네

모이네 겨우내 언 강물
아무도 모르는 곳의 작은 물줄기들
흘러 흘러 모이네 모여서 큰 강물 되어
바다로 흐르네
바다는 모여든 강물들을 안고 깊이 출렁이네
모여 바다는 깊어지네 넓어지네

나는 긴 겨울의 밤을 밟고 왔네
언 겨울 속에서도 따뜻한 등불을 안고 왔네
우리가 밟아온 겨울은 이제 봄이 되네
발걸음 걸음걸음마다 봄을 부르네
봄이 피어나네
차가운 바람은 따뜻한 봄 햇살에
따뜻한 바람으로 피어나네
우리는 희망을 부르네
지난날 못다 피운 꽃이
꽃망울 되어 꽃이 피기 시작하네
저 먼 그리운 곳을 향해 부르는 노래는
봄으로 피어나네
따뜻한 바람에 불어오는 봄의 향기
우리가 피우는 봄의 꽃

꽃 47
너를 만나

Far Away - Libera, Michael Horncastle

너에게 닿는 길은
너에게 가는 길은
비 오는 언덕을 넘어
눈 내리는 얼음 강을 지나
모래바람 뜨거운 사막을 건너
무릎이 꺾이는 높은 산을 넘어
끝없는 바다를 건너
벽이 되려는 시간을 깨뜨리고 깨뜨려
시간의 문을 열고
홀로 눈물 차가울 때는
너라는 등불을 안고
달빛 물결 반짝이는 호수에서
새벽이 올 때까지
달이 지구의 저편으로 사라져
어두운 호수에
하늘과 땅을 빛으로 나누는
해가 떠오를 때까지
맑고 깨끗한 아침 이슬로
사랑에 입 맞추는 입술을 축이고
오늘이라는 선물의 해가 떠오르는

저 하늘 높은 곳까지 날아
오직 너를 만나
이제 우리는
두 개의 별이 만나 하나의 별이 되어
두 빛이 만나 하나의 빛이 되어 빛나
밤하늘이 어둠이 아니라
우주를 너와 함께
밤하늘을 빛내는 우리라는 하나의 별
아침을 함께 맞이하는 우리라는 하나의 태양
푸르게 높이 떠오르는 우리라는 하나의 하늘
우리의 사랑과 믿음은 더 깊어져
매일매일 사랑의 축복 속에서
함께 더 넓은 바다를 항해하는
우리라는 하나
우리 미래라는 열린 사랑의 꿈을 향해
영원히 항해해

꽃 48
나무를 심은 사람 (장 지오노)

Be Still My Soul - Libera, Fiona Pears

황폐한 마을에
사람은 다 떠나고
홀로 된 외로운 양치기만이 살았네
아무것도 없는 황량한 땅에
그 양치기 도토리 씨앗을 심기 시작했네
밤을 새워
가장 좋은 씨앗만 골라
아무도 알아주는 사람 없어도
아무도 돌아보는 사람 없어도
그의 얼굴은
희망의 의지로 빛났네
옆 마을에서 사람들은 다투고
이기심에 지쳐가도
그는 흙으로 돌아가기 전까지
나무를 심었네
10년 뒤 멀리서 황무지에 비옥한 물결
나무는 자라고 자랐네
그가 믿는 가치는
생명과 희망이었네
너와 나처럼

그는 생명과 희망을 심었네
세상을 위해 홀로 묵묵히 걸어온 길
나무는 나무와 만나 숲이 되었네
사람들은 숲을 거닐며 초록으로 물드는
생명과 희망의 숨을 쉬었네

꽃 49
함께 걷는 우리, 세상의 모든 아름다움에 물들다

Abide with Me – Libera, James Vereycken

바람이 불어와 난 어느새 바람에 물들어
바람이 머금은
꽃잎의 가는 떨림
그 섬세한 떨림에 물들어
너와 나의 가슴에 붉은 꽃물 번지네
너와 나는 정해지지 않은 빛깔
너와 함께 세상의 아름다운 것을 찾아
강가에 돌 하나 둥근 이유를 찾아
거리의 돌 하나 홀로 있는 이유를 찾아
세상의 아름다운 것들에 이름을 붙일 것이니
의미를 하나 된 우리의 가슴에 새길 것이니
둥근 돌은 모나고 거친 자신을
강물이라는 시간의 흐름에 다듬고 다듬어
다른 둥근 돌의 곁에 더 가까이,
그렇게 흘러 해변가에서 파도에 씻기며
서로 부딪쳐 울림을 만들어 내
우리의 귓가에 속삭여
우리의 가슴은 그렇게 해 뜨는 바다를 안은 돌들의 울림에 물들어, 번져
그 아름다움에 물들어, 번져

새로운 기쁨이 되네
거리의 돌 하나, 어디서부터 왔는지 어디로 가는지 모르는 그 돌 하나
사람들의 발길에 차이고 차여
눈물 흘리고 있을 때
비 내리는 어느 날
눈물과 함께 흘러내려 주는
눈물과 같은 빗물의 의미를 알게 된 돌 하나
길가 모서리에 핀
이름 모를 꽃 한 송이 옆에 놓아주면
눈물 씻긴 맑은 눈망울로
꽃에게 괜찮다, 고 말해주며
누군가와 함께 흘린 눈물이
삶의 무게를 씻어주듯

그 돌 하나, 맑은 눈물로
꽃의 뿌리에 맑은 숨이 되어주네
너와 내 안엔 아름다움의 빛깔이
너와 나 손을 마주 잡고 걷는 길 위에
그렇게 세상에 있는 아름다움의 빛깔에
물들어, 번져, 의미를 새겨
우리는 세상의 모든 아름다운, 이 되네
너와 나 우리의 영원한 사랑으로,
서로에게 모든 아름다운, 이 되어주네

꽃 50
그림이 된 장미꽃

Dawn - Good Evening, Narvik - Vanilla Mood

장미꽃이 가지에서 떨어지지 않고
달려있었다
다른 꽃들은 계절이 지는 길목에서
바람 속에 봄을 데리고 어디론가 갔는데
해 지난 6월에 핀 장미꽃 몇 송이
떨어지지 않고 가지에 그대로 있었다
매일을 기다림으로 채우고 있었다
무엇을 기다린 걸까
매일 하늘을 바라보며
고운 눈 저 먼 곳에 두고
무엇을 기다린 걸까
겨우내 가지에 달려있던 그 장미꽃은,
무엇도 위로가 되지 않던
겨울 그 혹독한 바람 속에서
흔들리고 흔들려도
꽃잎 한 장 떨어지지 않던 그 장미꽃은,
내리는 하얀 눈을 맞으며
겨울밤 별들의 위안의 피리 소리를 들으며
달빛에 빛으로 눈망울을 닦으며
무엇을 기다린 걸까

겨울이 다 지나도록
온몸으로 겨울을 안으며
모진 바람을 이겨낸 그 장미꽃은
거기 그대로 끝내 하나의 그림이 된 채
그 시간 그 공간에서 영원이 된 그 장미꽃은
다시 봄이 되어도 그 자리 거기에 존재한 채
허공에 새겨진 그 장미꽃은
영원한 노래가 되었다
언제나 기다림은 장미꽃에게
사랑의 아픔과 또 기쁨이었으니
그 아픈 축복을 장미꽃은
바람에 영원한 그리움의 노래로 실어 보낸다

꽃 51

비의 칸타빌레

May: White Nights-
Andantion in G Major (5월의 밤 - 사장조) - 이고은

1
봄비가 내린다
노랑나비 하나 초록 숲에서
숲의 맑은 빗소리를 들으며
숲속을 날아간다
꽃을 찾아 날아간다
날개가 빗방울에 젖을까 봐
나뭇잎 뒤에 숨어서
흘러가는 시간을 붙잡는다
빗방울의 즐거운 연주
나비, 노란 민들레에 앉는다
나비가 꽃인지 꽃이 나비인지
구별되지 않는다
나비의 날개와 꽃잎은 연약하지 않다
다만 부드러울 뿐이다
나비와 꽃은 서로를 부드럽게 감싸 안으며
서로 영혼의 우주가 되어있었다

숲은 멀리서 나비와 꽃을 바라보고 있었다
숲속 가득 내리는 빗소리를
초록 잎으로 연주하며

2
봄비가 내린다
내가 앉은 공간은
내가 늘 몸 담고 있는 공간이다
창밖에 내리는 봄비를 바라보며
봄비 소리를 들으며
내가 있는 공간은
내가 있는 공간이 아닌 공간이 된다
빗방울이 아스팔트를 두드리며 튀어 오르듯
빗소리는 내 마음을 두드리며
빗방울 하나하나마다 음표를 만든다
이야기를 만든다
내가 있는 공간은
이미 내가 있는 공간이 아니다
빗소리가 연주하는 음악에 젖어 들어
나의 빛깔은 여러 빛깔로 번져간다
나의 공간을 빛깔로 물들인다
어느새 봄비와 나는 하나가 되었다

꽃 52
붉은 동백 숲

칸타빌레 (파가니니) - Maxim Vengerov

머나먼 겨울을 헤치고
초록과 동백 꽃잎 물결 가득한 풀숲에
새들이 봄빛 하늘 한 조각 물고 날아오네
봄은 이제 멀지 않으니
동백 숲에 봄의 하늘이 물드네
이른 봄 흰 눈 속에서
더 붉은빛 환한 동백꽃들
이제 눈 녹아 초록 잎 속에서
붉은 심장이 되네
초록 잎의 물결 속에서
붉은 심장들 두근거리네
심장의 생명의 소리를 듣고
하얀 풀꽃들 어우러져 피어나네
하얀 나비, 제비꽃 닮은
연보라 나비 날아 모이네
이 초록 숲에 온통
붉은 생명의 소리 두근거리네
새와 나비 자유로운
이 동백 숲에
봄이 피어나는 멜로디 가득하네
온통 봄의 화음을 연주하네!

꽃 53
가족이 가족에게
- 우리의 이름은

　　　Badzura: K.A.H.D. (Home Session) - Vikingur Olafsson

일상이 일상으로 흐르지 않기 위해서
너의 웃음이 필요하다
우리의 어느 날의 만남이
어느 날의 한 생명의 태어남이
가족이라는 이름으로 묶이게 되었고
시간이란
벽을 타고 오르고 오르는 담쟁이덩굴처럼
자라는 것이 아니라
차갑도록 규칙적으로 흐르는 것임을
그 속에서 자라는 너의 삶이, 나의 삶이
각자 짊어져야 할 인생이 되고
그 인생들이 얽혀
가족이라는 이름으로
너와 내가 부대끼더라도
그 부대낌 속에서
일상이 지루하거나 피로해져 갈 때에도
매일 쌓이는 먼지를 닦아내듯
매일 흐트러지는 물건들을 정돈하듯
일상을 정돈하고 일구고
그렇게 차가운 시간 속에서도

누군가를 위한 따뜻한 시간을 만들고
나만의 이름이 그립더라도
서로 간의 관계의 이름으로 가족이 되어
이 세상에서 둥그렇게 어깨동무를 하고
살아가는 것인지도 모른다
그러나 나의 세계가 나를 깨운다면
어쩌면 나는 가족이라는 이름을 깨고
다른 꿈의 이름을 만들지도 모른다
영원을 찾아 떠날지도 모른다

꽃 54
너의 나, 나의 너

Badzura: K.A.H.D. - Vikingur Olafsson

나는 너와 함께 존재가 되고 싶다
나는 네 안에서
비로소 내가 된다
나는 나의 정해진 모습을 벗어나
아직 정해지지 않은 의미가 된다
나는 네 안에서 나를 벗는다
너는 내 안에서 너를 벗는다
너에게 정해지지 않은 나라는 의미
나에게 정해지지 않은 너라는 의미
우리는 서로 사랑으로 만들어 가는
그 모든 아름다운 의미가 된다
너는 나와 다른 존재가 아니다
내 안에 들어온 타인이 아니다
너는 또 다른 나이고
나는 또 다른 너이다
너는 내 안에서 나의 길이 되어
나는 네 안에서 너의 길이 되어
나의 너, 너의 나는 같은 길이 되어
그 같은 길을 걷는 하나이다
그래서 우리가 하나 되어 걷는 길 또한

미리 정해지지 않아서
사랑의 꿈이 만들어 가는
우리만의 소중한 길이 된다

꽃 55
너와 나의 꿈

Dreamland - Alexis Ffrench

눈물은 어디서부터 왔을까
아름다운 사랑의 눈물
생의 감동을 담고
무엇보다도 감사함을 담고
네가 내 곁에서 이렇게 나를 감싸 안고
너와 영원히 함께 걸으며
하루하루 아름다운 꿈으로
만들어 갈 날들에 감사해
그 감사함으로
사막과 같은 세상을 더 껴안고
영원히 이 생의 감동과 감사함으로
아름다운 사랑으로
너에게 사랑의 감동과 기쁨과
아름다운 세상의 감동과 기쁨을
영원히 선물하며 살아갈게
너의 품은 바다야
너의 품은 하늘이야
언제나 변함없이 거기서
넓고도 깊은 사랑으로 나를 지켜주고 있으니
나의 아픔의 눈물을 닦아주니

그 환한 미소로
우리의 품에서 영원히
사랑의 행복과 꿈을 만들어 가
영원히 너의 곁에서
너를 사랑하고 지키고
너와 꿈을 함께할 수 있어서
소중하고 감사하고 감사해
이 감사함을 너와 영원히
따뜻한 가슴으로 안고 살아갈게
이토록 소중하게 나를 찾아와 준 니가 고마워
벅찬 감동으로 너를 사랑할게

꽃 56

We Call Each Other Love Forever

I Believe in You and Me – Whitney Houston

I open my eyes in dark
You're shining in the night sky
I've been waiting for you so long
You are the light of my life
You are the only love in my life
For me, Yes you are

I'm dreaming endless dreams
Everything we see together
turns into a beautiful love and sing
forever
We'll find each other's love
even when we're lost in the wind

We are all eternal love
Our love is light in the dark
Turn the desert into
forests of life like sky
We call each other beautiful love,
forever, like the rising sun

Like a song that never stops
by your side
I'am always like spring sunshine
Like gentle wind that surrounds you
Can't you hear all the songs
that bless us?

With our deep embrace of love,
sail through the sea together
We are fountain of love forever
our love song flies high forever

Even if we're far apart
We'll find each other forever
Love is a precious miracle
Everything we dream of

We call each other love forever
I'll be your song forever by your side

I will love you with a warm heart
with more beautiful love
Yes, I will
More today, more tomorrow
I will

어두운 밤에 눈을 떠 거기 밤하늘에
네가 빛나고 있어
너를 기다려 왔어 오랫동안
너는 나의 봄밤의 영원한 부드러운 키스야
너는 내 인생의 단 하나의 사랑
우리를 위한 이 아름다운 밤에
너의 영원한 따뜻한 품에

나는 영원히 꿈꿔
우리가 보는 것마다
아름다운 사랑으로 바뀌고
우리가 마주 잡은 손은
강물이 바다에 닿듯이

길 잃었을 때도
서로의 사랑으로 찾아줄 테니
서로의 가슴에 닿아
우리 인생의 영원한 동반자가 되어
함께 걸어가

우리는 영원한 사랑이야
우리의 사랑은 사막도 생명의 숲으로
지구가 태양을 도는 것처럼
영원한 우리의 빛을 향하며 서로를 그리워해
영원히 너를 나의 사랑이라고
부르며 살 거야
영원히 너의 곁에서 그치지 않는 노래처럼
언제나 다정하게 너의 곁에서
너를 감싸는 부드러운 바람처럼
들리지 않니 우리를 축복하는 모든
감사한 생명의 노래가

우리의 깊은 사랑으로
영원히 바다를 항해하며 함께 헤쳐 나가
우리는 영원히 그치지 않는 사랑의 샘물
영원히 우리의 사랑의 노래는
하늘로 높이 날아

우리가 멀리 떨어져 있어도
우리는 영원한 연인으로
서로를 찾고 만날 테니
사랑은 기적이야
우리가 꿈꾸는 모든 것이야

영원히 그치지 않는 사랑의 노래처럼
너의 곁에 영원한 노래가 될게
너를 따뜻이 감싸 안아주는
사랑의 포옹이 될게

우리 영원히 서로를 사랑이라고 불러
우리의 사랑은 영원히
오늘 더 내일 더 아름다운 사랑으로
따뜻한 가슴으로 너를 사랑할게

꽃 57
나무, 사랑의 여백

Nocturne – Hauser

1
겨우내 칼끝 같은 바람에
살갗이 찢기고 터져
하얀 피 밴 속살이 다시 찢겨도
바람이 불어오는 대로 바람을 맞으며
고통 속에서도
얼어붙은 살갗에 숨조차 쉬어지지 않더라도
안은 스스로의 물길을 만들어
단단해지며 생명이 흐르니
빈 나뭇가지 사이로
낮은 겨울 해가 비춰오는 것을
다만 풍경으로 남기지 않을 것이니
나는 풍경으로 남지 않을 것이니

여백으로 불어오는 바람을 연주하기 시작해
바람이 나뭇가지에 멈춰있는 순간에도
나는 얼어붙은 풍경이 아니라
존재가 되기 위해
고통스러운 숨을 멈추지 않았으니
따뜻한 바람이 나를 감싸며 불어오면

나는 바람을 연주하기 시작해
나뭇가지 사이 여백은
겨우내 잠겨있던 얼어붙은 숨을
이야기하기 시작해
언 하늘을 비워 푸른 하늘이 되게 해
여백은 하늘을 연주함으로써
여백을 채워가

2
나는 풍경이 아니라 존재가 되어가
아니, 나는 겨울에도
안으로 안으로 피어나는 존재였어
나는 하늘과 바람을 연주하는
여백의 음악으로
존재의 꽃을 피워가
겨우내 터진 살갗이 이제 아물기 시작하고
상흔은 꽃망울이 돼
꽃망울에서 피어나는 꽃
꽃은 여백의 노래가 돼
안으로 단단해진 나는

부드러운 바람에
얼어붙은 숨을 녹이고
꽃의 숨을 쉬어
풍경이 되지 않고 존재가 되기 위해
안으로 안으로 피워 올린 꽃
단단해져 더 부드러워진 꽃의 숨을 쉬며
여백을 연주하며 높아가는 하늘
나의 사랑, 너를 가슴 깊이 피우고
하늘의 여백이 되어
나는 마침내 겨울을 피운 봄의 꽃이 돼

3
너는 나의 깊은 가슴속 노래
안으로 단단해진 나의 노래는
이 겨울의 끝에서,
나는 스쳐 지나가는 풍경이 아니야
나의 시간은 오롯이 나의 무대이며
나는 너와 함께 존재가 돼
겨울의 얼어붙은 바람을 녹이고
그렇게 너를 노래하면 나는 깊은 존재가 돼

사랑을 안은 따뜻하고 단단한 나는
나의 살갗에서 꽃을 피우지 않아
깊은 안에서 피워 올리는 꽃
너와 함께 봄의 꿈이 돼
너를 노래하며 단단하고 깊어지듯
부드럽고 따뜻한 나
나의 어깨 위로 머리 위로 하늘로
수많은 사랑의 여백을 피워 올려
여백에 수많은 가슴속 노래가 있으니
너와 나 사랑의 여백이 되어
서로를 바라보네
사랑의 여백을 안고
우리 하늘의 이야기를 만들어 가
사랑의 여백은 너와 내가 서로를 위해
서로의 곁을 내어주듯
수많은 하늘의 여백을 안고
하늘의 사랑이 되어가는 꿈

꽃 58
불꽃

    Nessun Dorma - Hauser - 영화 〈피아니스트의 전설〉과 함께

어느 별빛에 닿았을까
그의 선율은

배는 그 모든 피아노 선율의 불꽃으로
하늘 높이 타올랐다

그의 일생은 타올랐다

일 초 일 초 다가오는
죽음의 다이너마이트도
그에겐 잔인하지 않았다
두렵지 않았다
죽음을 지웠다
피아노 선율과 함께
날아오르는 자유로

그의 일생은 흐르는 강이 아니었다
푸른 바다였다
바닷속 깊어지는
하늘 가득한 별빛이었다
피아노와 함께
음악과 연주에 대한 열정과 함께

그의 고독은
바다 위의 피아노가 되었다

그는 배의 육체에 있지 않았다
그는 바다였다
음악이었다
그는 영원한 꿈과 열정과 함께
영원한 음악이 되었다
영원한 삶이었다

꽃 59
들꽃

Caruso – Hauser

모가지가 길어서
슬픈 짐승이여[2]

그 슬픔을 밟고 걷는 저녁

먼 하늘에 눈을 두고
앉은 낯선 사람

먼 데 하늘은 거기에 그렇게 있어
가까이 올 줄 모르고

거리의 차들은 저마다
말없이 제 갈 길을 가네

하나둘 켜지는 거리의 불빛
저마다 저녁을 안고
버스에 앉은 사람들

---

2) 노천명의 《산호림(珊瑚林)》 중 〈사슴〉에서 인용

바퀴는 오늘도 굴러가고
둥글어서 슬픈 바퀴여

한 사람을 내려놓고
한 점으로 사라져 가는 버스를
나는 한참 바라본다

먼 데 하늘은 거기서 그렇게
어두워지기 시작하고

새벽은 다시 오고
밤늦게 일을 마친 사람의
이른 아침은 어김없이 찾아온다

저마다 저의 길로 발걸음을 옮기는 사람들

강물은 오늘도 흘러간다
서로 다른 길로

먼 데 하늘은 오늘도 거기에 그렇게 있고
사람들은 감추어진 삶 속에
먼 데 하늘을 그리워하는지도 모른다
먼 데 바다를 그리워하는지도 모른다

이름 모를 들꽃처럼 피어
서로 이름을 불러주며
부르지 못한 이름을 그리워하는지도 모른다

모가지가 길어서 슬픈 사람들
기다림의 끝은 없는지도 모른다

꽃 60
우리의 영원한 이야기

In Un'Altra Vita - 포레스텔라

내가 가는 곳 어디일까 오늘도 찾아 나서
거긴 하늘에 새가 날고 꿈꾸는 것이 있는 곳
자유가 있는 곳 마음속의 아름다움이
햇살 아래서 밝게 반짝이는 곳
겨울이 가는 길목에 봄이 불어오는 곳

어제 내가 걸어온 발자국을
가만히 바라보다가
사막 가운데 모래바람 속으로
사라져 가는 발자취
모래 같은 시간 허무해하지 않도록
난 만들어 가 영원을 너와 함께
지금 이 순간도 소중한 우리 시간을 걸어가

두 마음 하나가 되어 두 길이 한 길이 되어
이제 나 너와 손을 꼭 잡고서
너 나와 새롭게 길을 가

우리 소중한 만남은 어디서부터 왔을까
어딘가 하늘 아래서 꽃향기가 불어오고
흐르는 강 물결
노랫소리 들려왔어 나를 부르는 소리가
먼 하늘 바다에서 우린 이미 오래전에
정해진 운명이야 이제 너와 마주해 항상

두 마음 하나가 되어 두 길이 한 길이 되어
이제 나 너와 손을 꼭 잡고서
너 나와 새롭게 길을 걸어가

세상은 오늘도 빠르게 변해가
황무지가 늘어가도 우리는
그곳에 씨앗을 심어
황무지가 숲이 되어 생명이 자라나도록
너와 나 변함없는 사랑의 마음으로
오늘도 우리는 그늘진 세상에
빛이 되어주네 환한 빛
너와 나 이제 우리만의 이야길 시작해 우리

마음과 마음이 닿아
너의 숨결 나의 숨결에 닿아
나의 사랑의 마음 너의 소중한 가슴에
영원한 꽃으로 피어나도록 이제
우리의 화원에
우리만의 영원한 이야기 피어나
영원한 이야기 피어나
영원한 이야기 피어나
영원한 이야기 피어나
우리만의 영원한 이야기

꽃 61
새로운 세계

In Un'Aitra Vita - 포레스텔라

아침 공기가 상쾌한 이 아침에 내린 봄비
새가 노래해 나무에 맺힌 빗방울 사이로
하늘이 열리고 봄이 오는 길목일까
겨울 언 숨이 녹아 푸른 숨 되듯
봄비에 잔설이 녹아 새잎이 나듯이

너와 나 우리 한 걸음걸음마다
손을 맞잡고 걸어가
새로운 세계 그곳으로 사계절이 피는 세계
우리 이야기를 만들어 가 언제라도
우리가 꾸는 영그는 열매의 꿈
꽃이 피고 초록 짙은 아름다운 화원에서

들어봐 나의 이 노래를 내 숨결 속삭이듯이
너에게 보내 바람결에 실어 이 사랑
너의 가슴 가득히

우리의 약속의 그날 우리에게 내린 축복
하늘의 모든 축복이 세상은 우릴 노래해
우리의 영원한 사랑 언제나 함께할 사랑
우린 노래해 함께 세상의 아름다움을
언제나 태양이 뜨는 새로운 아침을 담아

들어봐 나의 이 노래를 내 숨결 속삭이듯이
너에게 보내 바람결에 실어 이 사랑
너의 가슴 가득히

산을 넘고 강을 건너 아무리 험한 길이라도
너를 찾아가 우리 만나
우리 함께 나눌 사랑의 꿈 내 앞에
시련이 왔을 때
나를 지켜준 너의 진정한 사랑
너의 아픔에 떨어지는 내 사랑의 눈물은
우리 가슴속 진정한 사랑

들어봐 나의 이 노래를
널 감싸는 아름다운 사랑
너에게 보내 바람에 실어 느껴봐
너와 나 가슴 가득히
하늘 높이 날아올라 항상 푸르고 밝은
그 꿈을 우리의 노래로 세상에
희망과 사랑을
희망과 사랑을
희망과 사랑을
우리 사랑의 노래로

꽃 62
벽 속의 새

달하 노피곰 도다샤 - 포레스텔라

어둠은 어디서 모였나
빛을 잃어가는 밤
외로이 빛나는 별

슬픔은 어디서 모였나
막다른 데라고 생각되는 곳에서
목숨이 끊어질 듯
내가 사라져 가는 순간 속에서도
나를 지탱하기 위해
위태로운 칼끝을 건너는 마음에서 모였으니

어둠이 모이고 모여 된 밤
밤이 스스로 빛날 수 있을까
원래부터 빛나는 별들이 있어서가 아니라
시간이 지나면 저절로 돌아오는
동트는 새벽 때문이 아니라
밤이 더 깊어져 깊어져
어둠이 되어
어둠의 그 깊은 극한에서
스스로 빛을 낼 수 있을까

닫힌 마음 안에 갇힌 새
슬피 우는 새
날개를 펴지 못하고
가만히 고개 숙이고

밤은 더 깊어져 깊은 어둠이 되고
시간은 새벽으로 흐른다

밤의 끝에 핀 꽃, 나
한 잎 한 잎 핀 나의 모습들을
마주 보고 있네

새는 벽을 날아다녀
벽에 그림을 그리네
벽에 꽃을 그리네
새는 벽 속에 핀 꽃 속에서 날아 나네
벽에 부딪치며
머리를 부딪쳐 날개를 부딪쳐
피를 흘리면서도

새는 저 먼 곳의 어떤 그리운 마음의 소식을 물어오려 하네
사방 벽 속에서 고개를 숙이고
제 깃에 고개를 묻네 온기를 느끼네
제 깃의 온기를 저 멀리 어떤 슬픈 사람의 차가운 발등에
물어주려 하네

꽃 속 눈물의 숲
꽃이 신비롭게 피어나네
아픔의 눈물을 마시고 자란 꽃은
꽃잎으로 새를 위로하네
새는 또 다시 꽃잎을 물고 저 멀리
어떤 아픈 마음에 위로를 주려 하네

벽 가운데 새
벽에 달빛을 그리네
별빛을 그리네
고개 숙인 새는 눈을 감고 꽃잎의 온기로
아픔을 어루만지네
슬피 울며 노래하며
다만 그리네 어둠 속에서
어둠을 밝힐 달빛을 별빛을

꽃 63
생의 마지막 순간에도

이 계절의 꽃 - 포레스텔라

언젠가 널 다시 만난다고
너와 헤어져 있을 때에도
내 안의 눈물은 기다리고 있었어
아니라 말해도

죽을 만큼 널 보고 싶었다고
널 떠나 멀리 헤매 다녀도
내 마음은 결국 항상 너의 곁이었어
고개를 돌려도
세상 모든 것은 너란 의미인 걸

알아 그 많던 상처 아픔들
모두 다 네가 치유함을
난 다시 평온한 숨들을 살아갈 희망을
깨닫게 된단 걸 결국 너여야 해

너 없이 나 홀로 남았을 땐
끊어질 듯한 아픔도 슬픔도
모두 널 향하는 사랑의 마음이란 걸
너만 알 수 있는
끝내 고개 들면 거기 네가 있어

언젠가 우리 앞에 벽이
우리 길 막고 있었어도
난 결국 네가 안은 새란 것을
벽을 깨고 함께 자유가 돼

알아 그 많던 상처 아픔들
모두 다 네가 치유함을
난 다시 평온한 숨들을 살아갈 희망을
깨닫게 된단 걸

내 생의 마지막 순간에도
내 마지막 숨은 너란 걸
그렇게 내 가슴에 새겨진 너는 영원인 걸
아프도록 알아 결국 내겐 너야

꽃 64
영원한 하나

    The Arts and the Hours - Vikingur Olafsson

한 사람이 거기에 있어 내가
거기로 갔습니다

내가 여기에 있어 그 한 사람이
여기로 왔습니다

서로 만났을 때
세찬 소나기가 퍼붓는 걸 피하지 않고
고스란히 맞았습니다
서로의 얼굴에서 물이 뚝뚝 떨어질 때
눈물인 줄 알고 닦아주려고
서로의 얼굴에 마른 손을 가져가면서
한 사람은 나의 그대가 되었고
나는 그 한 사람의 그대가 되었습니다

비가 개면서 구름 사이로
손바닥만 한 파란 하늘이 나오는 것을 보고
서로를 보며 미소 지으면서
하나의 마음인 줄 알았습니다

그쪽 길로 가던 그대가
이쪽 길로 가던 내가
이제 같은 길을 새롭게 가는 것을 보고
나의 발자국 옆에
그대 발자국이 나란히 걷는 것을 보고
나와 그대는 우리가 되었습니다
우리는 운명인 것을 알았습니다

함께 가는 그 길에
추운 바람 몰아쳐도
서로를 더 걱정하여
서로의 체온으로 안아주고
서로의 손을 자신의 가슴속 깊이 가져가
입을 맞추며 입김을 불어주는 것을 보고
참 아름다운 사랑임을 보았습니다
영원한 하나임을 알았습니다

꽃 65
너와 나라는 새

Tennessee (from "Pearl Harbor") - Hauser

너는 세상에서 가장 아름다운 노래야
바다처럼 깊고 푸른 나의 사랑의 눈물이야
너는 얼어붙은 마음을 녹이는
영원한 따뜻한 햇살이야
바닷속 깊은 곳에서 새들이 날아올라
때로 바다가 슬픔이라면
그 슬픔 속에서 날아오르는
생명의 새, 희망의 새, 살아있음의 기쁨의 새
푸른 하늘 속으로 날아오르는
너와 난 그 새들이야
함께 서로의 서로가 되어
서로의 사랑 속에서 진정한 '나'로 날아올라
가만히 눈을 감고
너와 하늘을 날고 있어
그렇게 너와 난
서로의 가슴에서 온기를 느끼며
서로를 감싸 안는 영원한 따뜻한 사랑이야

꽃 66
입춘

> Mahler: Symphony No.5 in C Sharp Minor
> 〈- 4악장 Adagietto, Sehr Langsam〉 - Gustavo Dudamel

어제 누운 자리에서 일어나
어제의 나에서 다시 태어난 나를 본다
사랑하는 너 없이 보내야 했던 시간,
죽음의 강을 건너고
다시 처음 맞는
아침 공기, 바람, 햇살, 새소리에
나는 새롭게 살아있다
오늘은 봄을 맞이한다는 입춘,
바람은 아직 차지만 겨울 낮게 내려있던
연약한 해의 높이가 더 높아진 절기,
봄이 오고 있다
바람은 차되 손이 시리지 않으니
지난겨울 나의 손을 따뜻하게 잡아준
너의 손의 온기가 영원히 간직되어서일까
앞으로도 영원히 네가 너의 손의 온기로
나의 손을 잡아주게 되어서일까
나의 시린 마음을
따뜻하게 감싸주던 너의 입김
오늘 공기가 차갑지 않은 것은
나의 입김이 너의 입김에 닿아

하나가 되어서일까

자동차들이 신호등에 멈추고
이 음악과 바람과 햇살만 남은 거리에서
나는 너와 함께 이 음악 속에 함께 펼쳐지는 봄으로 걸어 들어
간다

생명이 약동하는 봄, 설렘,
새로운 시작의 봄
새싹이 돋고 꽃이 피는 봄
끝나지 않을 것 같던 긴 겨울밤도
이제 그 끝에서
새로운 생명의 봄을 맞이하고 있다
이 봄의 기억은 태양이 머리 위까지 올라
뜨거운 호흡에 숨이 찬 계절에도
지칠 수 있는 계절에도
새로운 시작과 설렘의 새싹과
꽃의 기억으로 남을 것이니
여름 속의 봄은 그렇게
지친 더위 속 새롭게 깨우는

생명의 기억으로
늘 새로운 시작의 마음으로 약동할 것이니
나뭇잎이 찬란한 빛깔로 낙엽 지는
가을에도
봄은 소멸하는 낙엽 위에
그려지는 꽃으로
그렇게 저물지 않는
생명의 약동으로 간직될 것이니
낙엽 속의 꽃, 가을 속의 봄은
그렇게 온 세상을 물들이는
슬픔 속의 희망, 소멸 속의 생명,
그렇게 삶의 교향악을 연주할 것이니
겨울이 와도
모든 것이 얼어붙는 겨울이 와도
따뜻한 눈으로 덮인 세상 속에서
언 땅은 견디며 봄을 기다릴 것이니
그렇게 겨울 속의 봄은
견딤 속의 강인해지는 기다림일 것이니

너와 나의 봄은 그렇게 영원할 것이니
네가 나에게, 내 삶에
영원히 따뜻한 햇살이듯
우리 서로에게 영원한 봄이 되어줘

올해의 봄을 이렇게 기쁘고 행복하게
너와 맞이한 날에

꽃 67
서로의 영원이 되어주다

Cinema Paradiso - 포르테 디 콰트로

저 멀리서 걸어오는 한 사람이 있어
저 멀리서 걸어오는 또 한 사람이 있어
하나의 별을 보고 여기까지 온 두 사람
서로 다른 길 위에 찍힌 눈 위의 두 발걸음
서로 다른 하늘을 보며 미소 지었던 두 사람
이제 하나의 하늘을 바라보며
눈 내리는 가로등 아래 함께 서있으니

헝클어진 그녀의 머리를 가지런히
쓸어 넘겨주는 그
언 그녀의 뺨을 따뜻이 감싸주는 그의 온기
두 사람은 내리는 눈을 맞아 눈사람이 되네
뺨에 내린 눈의 따뜻함
서로의 눈에 비친
눈 내리는 하늘 속의 나의 너, 너의 나
함께 걸어가네
영원하지 않은 내가 영원하지 않은 네가
서로의 영원이 되어주네
서로 하나의 길을 가네
두 발걸음 서로의 곁을 지켜주네

두 사람 눈을 맞으며 저 멀리
함께 눈꽃으로 멀어지네
이 길의 끝에서도
영원히 끝나지 않을 사랑으로

영원한 하나 된 두 사람을
축복하는 눈이 하늘에서 내리네

꽃 68
Our Love Story

The Last Time – Eric Benet

The first time I met you,
A new world opened
Your beautiful songs
colored my dry hearts

The next time I met you,
Your beautiful everything
sparked me flame of the love
in my heart

Since then, you've been the light
in my darkness life
You are the only love in my life

The first time, someday we will meet
Stars shine in the sky,
We're gonna sing a love song
down there

We'll hear the sound of true love

in our hearts
Like the sea reads love letter
to each other on the beach

And so your arms of love are
the sky and the sea
You are the only love in my life

Like the spring breeze
Like a soft kiss of love
Take a picture of our precious,
beautiful moment of love
every day by day

I've been waiting for you
The eternal lover who will dream
the same dream together and walk
through, the same rainbow of life

Life is a mysterious, untold blessing

Find answers to questions in our lives
Like looking for life's treasure

It is not far away
It is in our love
You and I are forever lovers
to each other

내가 너를 처음 만났을 때
새로운 세계가 열리고
너의 아름다운 노래는
메마른 나의 가슴을 적셨어

내가 그다음 너를 만났을 때
너는 내 인생의 큰 힘이 되어주었지
너의 아름다운 모든 것은
내 가슴에 사랑의 불꽃을 일으켰어

그 이후 너는 매일 내가 걷는 걸음의
어둠을 밝히는 등불이 되어주었어

언젠가 우리가 처음 만나는 날
우리의 하늘에 별이 가득 뜨고
우리는 그 아래서 사랑의 노래를 할 거야
우리의 사랑의 꿈을 담은 노래를
그 꿈들은 노래 속에 담겨 하늘로
수많은 빛이 되어 오를 거야

우리는 간직해 온 가슴속
사랑의 소리를 들을 거야
해변에 서로에게 써놓은 사랑의 편지를
바다가 읽고 가듯이
소라가 먼바다 수평선에서 뜨는
아침 해에 물든 파도 소리를 듣듯

내가 너를 부를 때
너는 사랑의 수많은 아름다운 의미로 다가와
나는 너를 기다려 왔어
함께 같은 꿈을 꾸며
같은 무지개를 바라보며 걸어갈 나의 사랑을

인생은 신비로운 것
말해지지 않은 그 물음들을 가지고 우리는
대답을 찾아갈 거야 저기 뜬 무지개를 향해
그것은 멀리 있지 않아
바로 우리 사랑 안에 있어
바로 우리 사랑 안에 있어

꽃 69

Where Is Our Love?

Still With You - Eric Benet

바람은 무겁게 내려앉아
흐린 하늘처럼
두 어깨가 오늘의 현실에 무거워져 가도
던지는 질문 하나
'Where is our love?'

추위에 고개 숙이고 가는 사람들
벽은 만들수록 두꺼워져 가는 것이니
봄이 다가와도 차가운 바람이 불어
그러나 온 살갗이 터지며
겨울을 온몸으로 견딘 나무처럼
봄을 기다리는 나무처럼 살아
봄은 언젠가 올 것이니

세상의 벽을 함께 깨기
벽의 깨진 조각들을 맞춰

잘린 손을 내밀어
잘려 내 손이 없더라도
나는 나의 사랑 너와 함께 하늘을 향하리니
너는 나의 손이 되어주고
다시 새 손을 돋게 하네

손에 손을 맞잡아
지구처럼 둥근 평화를 만드는 사람들
조각들이 이어져
서로 다른 색깔들을 가진
커다란 거울이 돼
서로 다른 색깔을 존중해 주기
깨진 부분이 꼭 맞지 않더라도 함께 빛나

거울은 자신의 모습을 비춰보라고 있는
사람들의 일기장
거울에 사람과 사람 사이를 잇는
언어를 비춰본다면
언어와 언어 사이에
날개 부러진 새들이 떨어져
사람들은 거울에 비친 자신의 모습으로
날개 부러진 새들을 품어 다시 날게 해

눈 내린 세상은 평화로운 하얀 바다
가로등이 있는 이유처럼
밤길 가는 사람들의 길을 밝혀
넘어지지 말라고 거기 있는 가로등처럼
My Love 너와 나의 사랑과 노래로
밤의 길에 꺼지지 않는 촛불을 켜
사랑이 말라가는 곳에 사랑의 힘을 노래해

꽃 70

I Am Born in Love

    Reflection (2020) (From "Mulan") - Christina Aguilera

Look at me, Look at me in the mirror
not my appearance but my inner self
Ask me
who am I and what I really am

Days when I couldn't find myself
in loneliness are gone
I'm the true me blooming in love

Look at the flowers blooming inside me
Even if I break in the wind and rain and storm
Flowers bloom again

To the one
precious person in life,
the eternal flower of love
that never withers away
The flower shivers in the dark
and bloom at dawn
A delicate, strong life that rises

Look at the flowers blooming inside me
Even if I break in the wind and rain and storm
Flowers bloom again
It's the flower of love
My heart is love
Love makes me
who I really am and born with the only soft and caring love

I am born and born again in love
I dream a lot
I'm born with love, with my lover,
paint the world with our love
Look at the flowers blooming inside me
Even if I break in the wind and rain and storm
Flowers bloom again
Life is full of love,
full of joy and gratitude
Love makes me who I really am
and A delicate, strong life that rises

Love makes me who I really am
and who I dream of in life

거울 속에 나를 비춰봐
나의 겉모습이 아니라
나의 내면을 볼 수 있는 거울
나는 누구인지
진정한 나는 무엇인지 물어봐
외로움 속에서 나를 찾을 수 없던 날들
나는 사랑 속에서
진정한 내가 피어나
나를 봐 내 안에 꽃이 피어나는 것을
비바람에 꺾여 부러져도
줄기가 다시 돋고 다시 피어나는 꽃을
나의 심장에서부터 피어오르는 꽃을
인생의 단 한 사람을 향해 결코 시들지 않는 영원한 사랑의 꽃
그 꽃은 어둠 속에서도
바람 속에 떨며 새벽을 피우고
부러져도 다시 피어오르는
섬세하고 강인한 생명

그것은 사랑의 힘
부드럽고 배려하고 또 다른 사랑으로
태어나는 민들레 하얀 홀씨 같은 것
그것은 사랑의 꽃
나의 심장은 사랑이고
사랑은 진정한 내가 되게 해
나는 사랑 속에서 다시 태어나고 태어나
수많은 꿈꾸는 나
사랑으로 태어난 내가 나의 연인과 함께
세상을 사랑으로 채색해 가
삶은 사랑으로 가득 차있고
생의 기쁨과 감사로 가득 차있어
이 사랑을 세상에 나눠줄 거야
나의 사랑 나의 연인과 함께

꽃 71
눈꽃의 바다

겨울소리 - 박효신

눈이, 하얀 눈이
수많은 별처럼 내리고 있어
밤의 어둠을 점점이 지우며 내리는
수많은 하얀 날개
시간이 멈춘 하얀 눈의 바다를
너와 함께 걷고 있어
우리가 이 바다에
서로의 곁에 우리의 발자국을
남기기 시작했을 때
우리의 시간은 시작돼
수없이 내리는 하얀 눈꽃의 별 사이로
너의 노랫소리 별빛으로 고요히
이 밤을 하얗게 물들여
하얀 눈이 너의 노래에 빛으로 스며들어
너의 노래 하얀 눈에 빛으로 스며들어
밤은 밤으로 더 깊어져
고요한 공기만 남은 공간에서
너의 노래 하얀 날개를 달고 하늘로 올라가
밤하늘 수많은 하얀 별빛이 되어
온 세상을 하얗게 물들이네

온 세상 사람들의 깊은 잠
어둠의 꿈속을 안아주네
하얀 눈꽃의 별빛으로 비추네

꽃 72
간이역에서

Kiss the Rain (Orchestra Version) - 이루마

창문으로 비춰드는 붉게 물든 저녁노을은
빈 대합실을 지키고 있는
의자의 오래전 이야기이다
역에는 아무도 없지만
빈 바람은 역을 지키고 있다
스쳐 지나가는 만남의 의미를
간직하는 역장은
오늘도 기차를 놓지 못하고
일생을 거기 그 자리에서 기다리는
간이역의 의미를 안다
한쪽 다리가 조금 부러져도
거기 그렇게 기다리는
누군가를 위한 의자처럼
철로는 녹슬어도 철로가의 풀꽃은 핀다
어제 지나간 기차 바퀴가
오늘 다시 지나가지 않아도
역에 내린 사람들은
붉게 물든 저녁노을 같은 미소로
낯선 사람의 인사에 답한다
간이역을 지나치는 사람들은

저마다의 손길이 스치지 않아도 안다
낯선 사람들의 낯설지 않은 생의 시간들을
손에 있는 저마다의 거친
서로 다른 생채기의 의미를
간이역의 빈 의자는
다리 저는 사람에게
곁을 내어주기 위해 하루 종일 기다리고
의자에 앉은 한 사람은
또 다른 곁을 내어주기 위해
의자의 한편을 비워둔다
간이역에 내린 사람들은
멀어지는 기차를 배웅해 주고
종착역 없는 기차는
오늘도 밤을 새워 달린다
간이역의 사람들은
스쳐 지나가는 만남이지만
떠남은 또 다른 손길로
만나기 위함임을 안다
간이역은 시간 속
스쳐 지나가 흩어지는 사람들의

또 다른 만남을 위해
오늘도 비 내리는 하늘가에
지붕이 되어준다

꽃 73
꿈꾸는 소녀

Open Arms - Celine Dion

한 소녀가 있었네
창가에 무서운 세상으로부터의 공포 대신
화분을 곁에 두었네
어느 날 화분의 꽃나무에 잎이 나고
소녀는 하루하루
그 잎이 자라는 것을 보았네

소녀는 날마다 그 화분에 물을 주며
마른 뿌리를 적시고
잎의 세상을 열어주었네

노래하고 싶어요 저 하늘까지
세상이 다 듣도록
믿고 싶어요 이 세상에 사랑이 있다는 것을

벽에 그리는 모든 그림은 실제가 되어
소녀는 현실을 꿈으로 바꾸는
신비한 소녀였네
파랑새를 그려 그 새들은 희망을 물고
세상으로 날아가
세상에 희망을 나누어 주었네

무대가 열리고 음악이 연주되면
소녀의 심장은 두근거리기 시작했네
소녀는 날마다 자신의 무대를 열고
사랑과 꿈으로 존재했네
자신의 무대에서 주인공인 소녀는
노래하네
세상의 공포 전쟁 모두 사라지기 시작하고
아무 의미 없이 흘러가는 거리의 시간에
온 세상을 하얗게 만드는 하얀 눈처럼
세상을 하나로 만들어 화합시키네
전쟁이 있는 곳에 사랑을
공포가 있는 곳에 평온을

노래하고 싶어요 저 하늘까지
세상이 다 듣도록
하늘을 날고 싶어요 저 새들과 함께
세상의 벽을 향해
세상의 벽은 사라지고
세상을 화합시키는 노래 시작되네

꽃 74
너의 노래, 열린 사랑

Open Arms - Celine Dion

네가 밟고 가는 곳마다
노래의 열매 열리고
닫힌 마음은 열리고
겨울의 눈 속에도
땅은 숨 쉬고 있다는 것을
세상을 포근히 안아주는 따뜻한 하얀 눈처럼
세상을 하나로 만드네
어둠이 놓인 사람들의 베갯머리에
내일의 꿈을
무표정하게 흘러가는 시간에
살아있음의 두근거리는 심장을
성난 파도가 몰아치는 곳에
폭풍우 가라앉은 구름 사이로 비치는
열린 세계의 빛의 태양을, 그 평온한 고요를
추위로 살갗이 갈라진 거친 손을 잡아주는
따뜻한 가슴속 이야기를
아무 의미 없이 흘러가는 거리의 시간에
삭막한 거리의 풍경이
살아 생동하기 시작하네
눈 속에 땅이 봄을 품고 있는 것처럼

봄과 희망의 싹을 품고 있는 것처럼
너의 노래는 마음을 열어주네
네가 밟고 가는 곳마다
아름다운 사랑의 꽃 열리고
자동차 소리 삭막한 거리에
초록 잎처럼 생명을 돋아나게 하네
어둠의 흐린 별이
하늘이 열리는 곳에서 빛나는 것처럼
가슴을 두근거리네 하네
멈춰있던 세상의 심장을 숨 쉬게 하네
수족관에 갇힌 물고기에게
드넓은 숲의 폭포의 생명을 주네
벽에 갇힌 움츠러든 사람들에게
영혼의 자유를 주네
폭포를 거슬러 오르는
연어의 빛나는 등줄기처럼
생명의 빛을 주네
너의 아름다운 사랑을 담은 노래가

꽃 75
When I Fall in Love

When I Fall in Love - Celine Dion

When I fall in love
하늘에서 별이 쏟아져 내리고
너의 숨결을 가까이 느껴
가슴속
세상에서 가장 아름다운 사랑의 불꽃
서로를 바라보는 깊은 사랑의 눈에 빛나네
우리의 사랑의 불꽃을 하늘로 날려 올리면
하늘에서 빛으로 모여 내리는 오색 불꽃들
불꽃이 꽃비로 내리는 저녁
세상을 껴안는 붉은 노을의 품처럼
세상의 모든 아름다운 따뜻한
너의 품을 느껴
붉게 물들어 가는 바다와 하늘의 노래가
우리의 우주를 가득 채워
나는 느껴 너의 아름다운 사랑의 손길을
나의 별빛 내린 머릿결을 빛으로 물들이는
너의 사랑의 손길
빛으로 가득한 사랑의 우주에서
생에 간직해 온
가장 따뜻한 봄으로 빚은 등불을

서로가 하나 되어 걷는 길 걸음마다 켜
우리가 느끼는
우리의 빛의 그 모든 아름다운 순간이
영원 속에 사랑의 우주가 돼

꽃 76
도전이라는 꽃[3]

All by Myself - Celine Dion

그가 어렸을 땐
링이 너무 넓고 커 보였다
링의 한구석에 앉아
두려워하기도 하고
이 크고 넓은 세상에 나약해져
고개를 숙이기도 했다

그에게 링은 삶이었다
삶은 링이었다, 끝없이 도전하는
도전이란
자신과의 외로운 싸움
맞고 때리고 상대방을 쓰러뜨리는 것이
룰인 권투 경기에서
그는 그 자신에게 도전하기 위해
맞고 때렸다

그는 자기 자신을

---
3) 1982년 권투 선수 김득구 선수의 마지막 경기를 바탕으로 쓴 시.

무한히도 때리고 때렸다
샌드백은 그 자신이었다
쓰러지고 다시 일어나고 다시 도전하고
링 위는 친절하지 않았다
맞으면서도 비틀거리면서도
다시 일어나 자신을 뛰어넘으려고 했다
자신의 한계를 넘어서려고 했다
그는 상대방을 이기는 것이 아니라
그 자신을 이기는 것에 도전했다
상대방의 마지막 펀치는
그를 링 밖으로 던졌다
그는 그 자신과의 싸움에서 졌다
그러나 그는 마지막까지
힘없이 던져진 것이 아니었다
그는 링 밖 하늘로 날아
그 시간 속에 한 점이 되었다
그는 졌지만 지지 않았다
그의 도전은 영원히 지지 않았다

꽃 77
꿈의 무대

All by Myself - Celine Dion

나 어릴 적 늘 머리맡에
피겨스케이트화가 있어
내가 아직 만들지 못한 꿈의 날개
내가 아직 그리지 못한 꿈의 지도
내가 신발의 날로
걸음마를 떼기 시작했을 때
아이스링크는 다만 빙판이었다
다만 평범한 곳이었다
신발의 칼날과 중력은 무거웠다
점프하다가 떨어지고 떨어지며
점프는 떨어지라고 있는 것이라는 생각을
위안으로 삼기에는
나의 꿈은 더 높은 하늘로
날아오르고 싶었다
내가 신발의 날로 얼음을 짓치며
아이스링크를 연주하기 시작했을 때
나는 어릴 적 꿈꾸던 백조가 되기 시작했다
나의 꿈에 대한 열망은
나를 쓰러지고 또 쓰러지게 했다
점프가 중력에 의해

낭떠러지에 떨어질 때에도
중력에 의해 한없이 밑으로 가라앉는 날에도
나는 절벽을 올랐다
절벽을 오르고 또 올랐다
내가 어제의 나를 뛰어넘었을 때
나의 무대에서 춤을 추기 시작했다
내가 마침내 허공을 걷기 시작했을 때
위태롭던 신발의 날은 자유가 되었다
꿈은 높아서 하늘은 넓고
내가 하나의 새가 되었을 때
나의 무대는 세계가 되었다
나는 내 몸을 잊었다
다만 꿈과 하나가 되어
꿈 그 자체가 되었다
하늘 속으로 한 점 새가 되어
나는 자유의 날개가 되었다

꽃 78
너의 노래, 너의 목소리

너의 노래, 너의 목소리에
세상에 의해 멈춰있던
내 심장은 다시 뛰어
다시 두근거려
난 다시 숨을 쉬어 나는 다시 태어나
그렇게 영원하지 않은 나에게
너는 영원이 되어주고
영원하지 않은 너에게
나는 영원이 되어줘 우리 서로
나의 너를 감싸 안는
변함없는 따뜻한 사랑과
그늘진 세상을 도와주고자 하는
아름다운 사랑으로
불쌍해, 라는 말 가슴 한편에서
도와줄게, 라는 말이 나와
그 말은 내가 다른 사람보다
우위에 있어서 하는 말이 아니라
안쓰러운 마음에
그 사람의 아픔과 고통을 도와주고 싶은
마음에서 나오는 말임을
세상에서 가장 고귀한

행복한 왕자의 심장과
그 곁에서 남을 위해 자신을 희생한
제비의 죽음을
변함없이 간직해, 우리
물이 낮은 곳으로 흐르듯이
흘러 바다를 이루듯이
우리가 닿는 곳은 바다일 테니까
너라는 바다
나라는 바다 함께 바다가 되어
서로의 사랑 속에서
더 깊어진 우리가 돼
햇살이 구름 사이에서 비춰
그 바다가 빛나듯
우리 매일 새로운 태양을 안고 함께 빛나

꽃 79
우리의 노래가

All by Myself - Celine Dion

가만히 눈을 감고
내면의 소리에 귀를 기울이면
거기 아직 내가 되지 않은 내가 있어
멜로디가 들리고 음악이 흐르면
나는 나를 연주하기 시작해
아름다운 음악으로
세상에 전하는 이야기가 시작돼
그건 너와 나의 심장을 살아 숨 쉬게 하는
깊은 사랑의 울림에서 나오는 것임을
음악에는
아픔도 슬픔도 기쁨도 행복도 꿈도 희망도
그 모든 것이 담겨있어
세상이 처진 어깨로 지쳐있더라도
마른 생명에 스며드는, 생명을 자라게 하는
봄비처럼 내려
심장은 봄의 소리를 듣고 그 봄은 자라
더 자라고 자라
이 섬세한 가슴 떨림으로
너와 내가 사람들과 함께
이 사랑의 벅차오름으로

가득 노래 부를 때
노래는 우주가 돼
우리 안에 가득 봄의 사랑의 꽃이 피어
우리의 사랑은 우주를 가득 안은 사랑이 돼

꽃 80
너와 나, 이 세상을 아름다운 빛으로 반짝이게 해

Chopin: Berceuse in D Flat Major,
Op.57 (쇼팽: 자장가 내림 D장조, Op.57) - Istvan Szekely

벌써 봄은 저만치 와있다
베란다로 들어오는 햇살 한 줄기
햇살마다 영롱한 꽃망울을 맺고
마음 한 자락 내주어
또 다른 마음이 들어올 수 있는
마음의 여백을 수놓는다
이 세상에서 가장 빛나는 것은
어느 누구도 돌아보지 않던
길가의 행복한 왕자의
녹슨 납덩이 심장이었으니
누구나 다만 스쳐 지나가던
제비의 식은 심장이었으니
봄 햇살 신비롭게 피어나는 햇살의
빛의 줄기마다
봄의 꽃을 피우는 따뜻한 바람
이 세상에 스쳐 지나가는
빛나지 않는 것의 아름다움을 발견해
너와 나의 사랑으로 함께
너와 함께 이 세상을 아름답게 채색할 거야
빛나게 할 거야

아침 봄 햇살을 엮어
언젠가 우리 만나는 사랑의 길을 밝히는
빛으로 수놓아
너를 마중 나가면
너는 어느새 내 가슴속에
나와 함께 있으니

꽃 81
봄의 의미

> Rachmaninov: Suite for Two Pianos No.1&No.2,
> 6 Pieces - Romance - Andantino in a Flat Major
> (로망스 - 내림 가장조) - Kazune Shimizu

말하지 않음으로써
말하는 존재가 있다

우리가 태어난 이유를 모르듯이
우리가 이름으로 불리면서
비로소 의미가 되듯이
말없이 봄의 의미가 되는 존재가 있다
하늘가에 핀 말없는 매화
온기를 그리다가 마른 입술
겨우내 살갗이 말라 벗겨진 나무줄기
사이로 핀 매화
겨우내 간직한 수많은 이야기만큼이나
나무 가득 하얗게 피어오른
꽃잎을 봄비에 적신다
부드럽게 내려
목마른 땅을 적시는 단비에

우리 가까이 거기 그 자리에서
오늘도 우리의 사랑을 지켜주며
우리의 기도가 닿는 우주이듯이
하늘, 말없이 매화의 배경이 되어준다

스쳐 지나듯 당연한 줄 알았던
하늘과 매화
사람들이 앞만 보고 가다가
문득 고개를 들어 바라보면
시간이 멈춘 듯 거기 그렇게 있다

마치 철창 속에 갇혀있듯
혹여 시계 속에 갇혀있어도
갇힌 줄 모르는 사람들에게도
하늘과 매화는 말없이 거기 그렇게 있다
신비로운 봄의 의미

복잡하게 얽혀있는
도시의 그물망이 자리 잡은
우리의 시간 속에서도
하늘과 매화를 가슴에 담아본다면
가슴에 하늘이 드리우고 매화가 피어
맑고 청아한 오늘의
숨의 의미를 숨 쉴 것이다

꽃 82
Perhaps Love
The Prayer (Duet with Andrea Bocelli) - Celine Dion

아마도 사랑이란
그대가 눈물을 흘릴 때에도
서로 마음을 열고 서로를 이해하고
함께 아프고 함께 슬퍼하는 것
그래서 함께 기쁨이 되는 것
때로는 말하지 않는 것
말하지 않아도
가만히 서로를 바라보는 눈빛으로
감싸 안아주는 것
그래서 따뜻한 포옹이 되는 것
우리가 철창에 있는 하얀 새라면
매일 아침 눈부신 아침 해를 물어
환한 미소로 아침을 함께 맞이하는 것
어두운 철창을 환하게 밝게 해주는 것
붉은 저녁노을을 함께 바라보며
서로의 품에 고개를 묻고
함께 밤의 별을 꿈꾸는 것
언제나 철창 너머 하늘의 자유를
함께 꿈꾸는 것
언젠가 철창 밖을 날아 나갈 수 있다고

믿는 것
믿음이 희망이 되어 언제나
기쁨과 행복이 될 수 있도록
아름다운 노래를 불러주는 것
철창 안일지라도
함께 있음에 감사하는 것
서로의 깃에 따뜻한 온기를 느끼는 것
서로의 부드러운 가슴속
심장이 뛰는 생명을 함께 느끼는 것
적은 먹이라도 서로를 위해 아껴뒀다가
후에 사랑으로 선물하는 것
철창을 잠근 나무 자물쇠를
서로 몰래 부리로 쪼는 것
부리에서 피가 나도 서로의 입맞춤으로
피를 씻고 상처를 낫게 하는 것
그래서 언젠가 철창의 문을 열고
서로의 날개가 되어 함께 나는 것
창문 너머 아침 해가 뜨는 하늘로
드넓은 하늘로
서로 영원히 함께 날아오르는 것

서로의 하늘이 되고 서로의 바람이 되어
영원히 함께 나는 것
가슴에 사랑의 꿈을 품고
하늘에 별빛으로 꿈을 수놓는 것
그래서 그 빛나는
사랑의 꿈들의 별빛 속에서 함께 빛나는 것

꽃 83
꽃의 왈츠

> 차이콥스키: 호두까기 인형 모음곡 작품번호 71a:
> 3. 꽃의 왈츠 - Herbert Von Karajan

바람 속에서 봄꽃이 피어나
하늘에서 하프의 은물결이 번지면
바람 속에서 꽃이 태어나고 태어나고
바람이 꽃을 낳고 낳고
바람 속에 수백 수천 가지 꽃이 피어나
꽃잎들이 향기의 속삭임 속에서 춤을 춘다
꽃들이 노래한다
어깨를 맞춰 리듬을 타며
서로 손을 잡고 추는 춤
음악의 자유에 의해 추는 우연의 춤
시간 속에 존재하지 않고
시간의 줄을 밟고 추는 자유의 춤
음악이 시간을 벗어나
영원으로 향하는 영혼의 춤
꽃은 음악이 되어
자유가 되어 영원을 춤춘다
어떤 꽃은 서로 연인이 되어 춤을 춘다
둘만의 비밀의 화원에서 춤을 추다가도
사랑의 꿈을 속삭이면
수백 수천 가지 꽃만큼이나

꿈을 엮어 만들어
빛처럼 매달아 가는 그 사랑의 꿈이란
서로가 만들어 주는 따뜻한 하나 됨 속에
춤을 추며 꾸는 완전한 작품이다
충만한 행복이다
꽃들의 합창
꽃들이 자유의 춤을 추며 함께 만드는
화음의 무늬

꽃 84
하얀 눈, 천사

              I'm Your Angel (Duet with Celine Dion) - R. Kelly

어느 것도 다가가기에 멀리 있지 않아
그건 다만 멀리 있어 보일 뿐이야
나의 두려움과 용기 없음이
다가가지 못하는 걸지도 몰라
먼저 다가가면 가까이 있어
어느 것도 손을 내밀면 거기 있어

거친 손을 절뚝이는 다리를
더 잡고 더 도와준다면
자신의 벽으로 나누려는 것이 아니라
이 세상이 하얀 눈으로
하나의 하얀 바다가 되듯이
하나가 된다면
상처를 덮어주는
따뜻하고 포근한 눈이 된다면

오늘 내일 또 내일
검은 물을 마시고 병든 사람들에게
맑은 물을 줄 수 있도록 도와준다면
아무리 먼 관계라도
이미 멀지 않은걸

길가에 핀 이름 모를 꽃의
소중함을 모르는 사람들에게
이 세상의 어떤 생명도
소중하지 않은 것이 없다는 것을

나는 조금씩 더
세상에 의미 있는 손을 내밀어
의미 있는 관계란
우연히 지나치는 사람들이
서로에게 가치 있을 때 맺어지는 것
그렇게 이 세상은 가치를 가질 때
서로에게 의미 있는 세상이 될 거야

꽃 85
Forever with You

Have You Ever? - Brandy

늘 너에게 나의 사랑을
가득 담은 선물을 주고 싶단 걸
영원히 아름답고 소중한 너의 곁에
영원히 빛나는 아름다움으로 함께 걸을게
오늘보다 내일 더 내일보다 모레 더
우리 서로에게 사랑의 기쁨과 감동을 전해줘
우리 서로의 가슴 깊은 곳까지
이해해 주는 서로의 천사가 돼
우리의 사랑은
언제나 서로를 깊이 배려하여 안아주고
언제나 변하지 않는단 걸
나는 너의, 너는 나의 영원한 사랑이니까
너는 나의 저린 손까지
나는 너의 저린 손까지 잡아주고 있단 걸
그래서 서로의 가슴으로 사랑으로
서로를 깊이 안아주는 걸
변함없이 영원히 너에게
기쁨과 감동을 전해줄 거야
이제 나의 언어는 사라지지 않아
영원히 피어나 너와 함께

너는 내 삶의 모든 의미이니
나의 언어는 사랑 속에서 피어나
나의 노래는 사랑 속에서
가슴속 깊은 노래가 돼
너의 사랑과 함께하는 음악은
영원한 행복이리니
나의 언어는 영원히 피어나리니
우리의 노래는 영원히 피어나리니
영원히 피어나
황무지를 숲으로 만들 테니 너와 함께
너와 함께 영원한 사랑의 꽃을 피울 테니
멜로디는 시가 되고 이야기가 되고
영원히 세상을 아름다움으로 밝힐 테니
너와 함께
너와 함께 아름드리 우주가 된
우리의 사랑의 나무는
영원한 사랑의 우주이니
사랑의 꿈이 열리는 우주이니

꽃 86
찬란한 봄

I Believe in You and Me - Whitney Houston

신은 나에게 이런 아름다운 사랑을 주셨어
나의 생의 의미는 모두 너야
내가 보는 세상의 모든 아름다운 것은 너야
세상의 모든 아름다운 것을 너와 함께 보고
세상의 모든 아름다운 음악과 노래를
너와 함께할게

바람이 나를 흐트러뜨린대도
우리 가슴속에 핀 사랑의 꽃은 영원해
사랑의 촛불은 꺼지지 않아
촛불이 자신을 태우며
어둠을 밝히는 불빛이 되듯
우리는 우리의 가슴속 사랑을
사랑의 불꽃으로 태워
타고 남은 재가 다시 기름이 되듯이[4]
우리의 사랑의 불꽃은 영원히 꺼지지 않아

---

4) 한용운의 《님의 침묵》 중 〈알 수 없어요〉에서 인용

바람이 불어
먼 곳에서
서로 같은 하늘을 보며 같은 별을 보며
서로를 그리워하며 바라보고 있는 우리
언젠가 만나 영원히 함께할
우리의 사랑의 꿈을 꾸며

나는 눈을 감아
너를 좀 더 잘 느낄 수 있게
나는 꿈을 꿔
너와 함께하는 그 모든 것을

우리는 외롭지 않아 서로 함께 하나이니
영원히 너의 심장과 같이 뛰는 숨결이 될게
그렇게 너와 난 하나

꽃 87
서로의 어깨에 기대

Angel - Sarah McLachlan

너의 어깨에 기대
오늘의 푸른 하늘을
아직 앙상한 겨울 나목을 보고 있어
이 세상에서 가장 평온한
붉은 저녁노을처럼
서로의 안식처가 되어주네
이렇게 함께
서로에게 기대고 있다는 것만으로도
우리가 허밍으로 고요한 노래를 부르면
우리의 노래가 저녁의 평온한 공기처럼
하늘로 피어올라
세상에 내려
세상의 쉴 곳이 되어줘
우리 가슴속에 아름다움과 사랑이 차오르고
먼바다를 항해하는 조각배 같은
달이 떠오르면
우리는 서로의 손을 잡고
따뜻한 입맞춤으로 서로의 숨결이 되네
서로 같은 숨을 쉬고 있다는 것만으로도
별이 빛나는 까만 밤처럼

서로의 안식처가 되어주네
우리 영원히 서로에게 이렇게
고된 하루를 쉴 수 있는 안식처가 되어줘
우리 함께 잠든 꿈속에서도
사랑의 꿈을 꾸는 우리
함께 빛나는 아침 해를 맞이해
매일 새롭게 빛나는 해를

꽃 88
너와 함께하는 사랑의 감동은

I Do (Cherish You) - 98 Degrees

너와 함께하는 음악은
우리를 항상 꿈꾸게 해
세상의 가장 높고 깊은 폭포
그 웅장한 폭포의 하얀 물결이 부서지는
위대한 자연의 소리를 듣게 하고
너와 함께 비행하는 하늘은
나를 더 높게 더 멀리 날게 해
늘 영원한 꿈을 꾸게 해
바다를 푸른 가슴으로 껴안게 해
우리의 맨발을 간질이는
하얀 파도의 물결의 추억을
소중하게 간직하게 해
가장 소중한 너를
가장 소중한 사랑으로
감동으로 느끼게 하고
기쁨으로 날아오르게 해
산에서 내려오는
이름 없는 작은 물줄기의 노랫소리
작은 새의 지저귐도
아침 햇살을 닮아 눈부시게 해

생을 감사하게 해
기쁨과 행복으로 너와 함께하는 모든 순간
사랑의 꿈을
빛으로 만들어 가게 해
이 세상의 아름다운 곳을 여행하게 해
가슴속에 보물을 하나하나 간직하듯이
이 세상의 소중하고 아름다운 이야기들과
빛나는 가치들을 간직하고 소중하게
함께 나누게 해
하늘을 둘러싼 가장 맑고 깨끗한
하얀 종이에
우리의 사랑의 노래와 이야기와 꿈을
그려가게 해
우리는 하늘이 돼
푸른 하늘
별이 빛나는 까만 밤하늘
별이 돼 별빛이 돼
서로를 영원히 비춰줘

꽃 89
아름다운 사랑의 속삭임을 너를 위해

Saving All My Love for You - Whitney Houston

너와 나의 만남은
이미 오래전 정해진 운명이었어
너는 나에게 나는 너에게
이 세상의 공기처럼
서로가 함께 있어
진정한 생의 숨을 쉴 수 있는
진정한 우리가 될 수 있는

너에게 건네줄 선물은
사실은 너를 위해
겨울밤 봄을 부르는 바람 속에서
봄을 기다리며 봄바람을 깨우며
온통 차가운 바람을 따뜻하게 하며
준비한 거야 너를 위해

오늘도 우리의 특별한 사랑을 준비하고 있어
매일이 생일인 것처럼
우리는 서로에게 사랑을 선물하고
우리는 서로 안에서 다시 태어나고
새로운 우리가 돼
생의 축복에 하늘에 감사하고 있어

늘 나는 너와 하나이지만
우리의 사랑의 꿈속에서
너와 특별한 하나가 돼
우주적 영원한 사랑의 하나
너와 난

너는 언제나
고정된 이름으로 나에게 오지 않아
매일 새로운 모습으로
너의 이름은 나의 이름은
매일 새로운 이름으로 태어나
새로운 의미가 돼 서로의 사랑 속에서
우리는 매일 서로의 다른 빛깔에 스며들고
함께 사랑의 노래를 부르면서 하나가 돼
우리가 어떤 모습이든지 우리는
진정한 서로의 내면을 영혼을
그 모든 것을 사랑하니까
사랑의 노래로 너에게 속삭이고 있어
가슴에 스며드는 가장 아름다운 사랑을
가장 아름다운 노래를
너를 위해

꽃 90
언젠가 담쟁이덩굴을 지나

She's the One - Robbie Williams

우리가 자랄 때 담쟁이덩굴이 같이 자랐네
우리보다 훨씬 작은 씨앗이 자라
작은 싹이 되고
어느 날엔가 그것은 우리보다
훨씬 높게 자라기 시작했네

그것이 자라 연약한 몸을 가눌 길이 없어
담장을 잡고 자라 하늘로 올라가
담을 가득 메우며 잘 자랄 때에도
우리는 기댈 데가 없이 자랐네

우리는 거리의 인도를 걸을 때에
비틀거릴 때가 있었네
비가 오면 우산도 없이 고개를 숙이고
비를 맞으며 걷기도 했네

어느 날 인생의 길이 차도의 노란 중앙선을 걷는 것 같다고 생각했네
양쪽으로 달리는 자동차들
어디론가 제 갈 길을,

제 목적지를 향해 가는데
나는 끝없는 노란 중앙선을
끝도 없이 걸었네
쓰러지지 않게 정신을 놓지 않았네
피곤해도 쉴 수 없고 나는 늘 끝없이 걸었네

어느 날 우리는
눈 오는 하늘의 축복 아래 만났네
이제야 내 영혼의 쉴 곳을 찾았네
나의 영원한 연인
불완전한 내가 완전한 내가 되어가네
비가 그치고 하늘에 무지개가 뜨네
우리는 같은 무지개를 보며
같은 꿈속에서 함께 길을 걷네
혹여 다시 비가 온다고 해도
서로 우산이 되어주네
하나의 우산 속에서도 해가 뜨네

우리의 사랑으로
하루하루 가장 눈부신 해가 떠
우리는 이제 담쟁이덩굴보다 훨씬 컸네
우리는 이제 서로의 사랑 안에서
더 아름답고 깊은 사랑의 우리가 되네

꽃 91
숨, 우리 안의 소리

Breathe - Faith Hill

내가 바라보는 세상은 빠르게 변해가
어쩌면 변하지 않고 제자리에 있는지도 몰라
매일 같은 노선을 오가는 자동차, 지하철
그 안의 사람들
그러나 우리는 변하는 것을 원하고 있어
매일 돌아오는 일상 같은
출퇴근하는 거리의 노선 같은
그런 길이 아니라
내면의 길
내면의 변화를 원하고 있어
작년에 내가 섰던 거리의 길 위에
올해 내가 그 시간 그 자리에
다시 서있다고 해도
어제 내 머리 위를 지난 구름은
오늘의 구름이 아니듯이

사람들, 우리의 몸은 어쩌면 현실에
시간의 속박에 얽매여 있는지도 몰라
우리는 매일 같은 자리에서 일하고
같은 일상을 보내지만
우리의 내면은 열망하고 있는지 몰라
자신의 내면의 변화를
공기가 우리에게 소중한 것임을
평소에 잘 깨닫지 못하지만
겨울 언 공기 사이로 불어내는
뜨거운 입김처럼
진정으로 살아있음을 우리는 원하는지 몰라
우리 내면의 소리에 귀를 기울여 봐
진정으로 원하는 꿈을 향해
조금씩 날개를 달아
어느 날 사람들, 우리는
서로 변화된 자신을 만나
진정한 숨을 쉬어
우리는 조금씩 날아올라 하늘에서
만날지도 몰라

꽃 92
전혀

>   With Arms Wide Open – Creed

전혀 아무것도 허용되지 않는 땅에
우리가 선다면
전혀, 우리는
무릎을 꿇고 고개를 숙이는 것밖에
할 수 없는 걸까 전혀,
전혀 아무것도 할 수 없는 무기력함에
눈물만 흘려야 할까
그때 우리를 고개 들게 하는 건,
전혀, 전혀, 전혀, 전혀라는 말을 되뇌어 봐
전혀, 라는 말에 포기해 가는 자신과
아니,
전혀, 라는 말이
가슴에 눈물 맺힌 뜨거운 불로 뭉쳐져
결코 이럴 수 없다는
일어서려는 자신을 발견할지도 몰라
전혀, 라는 막막한 사막에, 벽에
포기하려는 자신이 아니라
전혀, 안 돼가 아니라
전혀, 아니야가 아니라
전혀, 나는 할 수 있어로

내가 깨어날 거야
전혀, 아닌 게 아니라
전혀, 그렇게 될 거야

꽃 93
우리, 축복의 발걸음

It Was You - 윤한

어쩌면 사랑이란
영원하지 않은 두 사람이 만나
영원이 되는 것
영원하지 않은 내가
너를 위해 영원히 너의 곁에서
너를 비춰주는 것
너의 반쪽이 되어 완전한 하나가 되는 것
그래서 삶의 기쁨과 충만한 행복 속에
너는 또 하나의 너인 나를 보며
나는 또 하나의 나인 너를 보며
함께 영원한 사랑이 되어
영원을 찾아가는 것
우리가 찾는 영원이란
이 세상 어딘가에 있는
우리가 찾아갈 만들어 갈
삶의 아름다운 의미들
너, 라는 말만으로도
가슴에 감동의 눈물이 번져
너와 나 함께, 라는 말만으로도
가슴에 감사의 눈물이 번져
우리 영원히 같은 사랑의 꿈속에서
하늘을 날아

꽃 94
너와 인생의 무대에서

Lehar: The Merry Widow (Die Lustige Witwe)
- Kathleen Battle

고운 머릿결 곱게 단장해 머리 올리고
바람에 아무렇지 않게 흘러내려
흩날리는 귀밑머리가 사랑스러워
담 모퉁이 한 벽에 핀 작은 이름 모를
풀꽃에 비친 햇살을 바라보고 있노라면
그대가 나의 이마와 볼에
살며시 감은 눈과 오똑한 코와
꽃잎 같은 입술에 입 맞추며
나를 사랑한다고 말해
나의 가슴엔 세상에서
가장 아름다운 사랑의 꽃이 피어

우리의 음악은
세상의 모든 아름다운 곳을 여행하게 하니
바다 한가운데 배를 타고
고요한 바다를 건너면 눈부신 바다가 빛나고
아름다운 무대 속의 너
음악회 속의 우리
많은 사람들과 함께 음악으로 하나 되는 꿈

인생에도 무대가 있다면
그것은 겨울 동안 닫아야 했던 문을 열고
이제 봄바람과 햇살을
맞이하는 것과 같은 것
인생의 무대란 함께 있는 순간마다
해 저무는 하늘이
배경이 아니라
우리의 사랑의 추억이 되는 것
순간순간마다
삶과 사랑의 빛으로 반짝이는 것
그곳에서 너와 함께 살아가는 것

꽃 95
봄맞이

> Zdes' Khorosho ('How Fair This Spot'),
> Op.21, No.7 – Pablo Ferrandez

새가 빈 나뭇가지에 날아와
노래하기 시작하면
겨우내 움츠렸던 사람들은 고개를 들고
먼 수평선을 본다
지난 아름다웠던 겨울을 간직한 채
새로운 희망을 기다린다
수평선은 멀어서 닿지 않지만
수평선 너머는
언제나 인생에서 기다리는 무엇
그것을 향해 항해하는 배처럼
빈 배로 돌아오더라도 다시 항해하는 배처럼

배는 출항을 기다리며 해변에 매여있다
눈 녹은 파란 지붕 옆 나무에
새가 둥지를 찾고
마을 사람들은 얼음 녹아 숨 쉬는 땅에
새 씨앗을 뿌린다

먼바다는 등대처럼 밝다
등대는 변함없이 밤바다의 길을 비춰주며
길 잃은 배의 길을 열어준다

자전거를 타고 가는 사람의
은빛 빛나는 바퀴는
지도에도 없는 집을 찾아가는지도 모른다
마음의 집을

새 한 마리 따뜻한 봄볕 한 줌 물어
그 집에 놓아주고 간다
무엇을 정겹게 키우기 시작한
마을 사람들의 마음도
나무의 새잎만큼 날마다 자라고
새는 입에 문 따뜻한 봄볕 한 줌을
마을 사람들의 가슴에도 놓아주고 간다